Marabô

O Guardião das Matas

José Augusto Barboza

MARABÔ

O Guardião das Matas

MADRAS®

© 2025, Madras Editora Ltda.

Editor:
Wagner Veneziani Costa

Produção e Capa:
Equipe Técnica Madras

Revisão:
Arlerte Genari
Maria Cristina Scomparini
Denise R. Camargo

Dados Internacionais de Catalogação na Publicação (CIP)
(Câmara Brasileira do Livro, SP, Brasil)

Barboza, José Augusto
Marabô: O Guardião das Matas/José Augusto Barboza.
São Paulo: Madras, 2025.
ISBN 978-85-370-0343-5
1. Romance brasileiro 2. Umbanda (Culto)
I. Título.
08-02990 CDD-299.672

Índices para catálogo sistemático:
1. Romance umbandista: Religiões afro-brasileiras
299.672

É proibida a reprodução total ou parcial desta obra, de qualquer forma ou por qualquer meio eletrônico, mecânico, inclusive por meio de processos xerográficos, incluindo ainda o uso da internet, sem a permissão expressa da Madras Editora, na pessoa de seu editor (Lei nº 9.610, de 19.2.98).

Todos os direitos desta edição reservados pela

MADRAS EDITORA LTDA.
Rua Paulo Gonçalves, 88 — Santana
CEP: 02403-020 — São Paulo/SP
Tel.: (11) 2281-5555 – (11) 98128-7754
www.madras.com.br

Índice

A Infância...7

A Iniciação...15

O Caos..23

Juventude...31

A Loucura e o Ódio...43

Nas Zonas Inferiores..55

O Aprendizado...69

A Nomeação...81

Nova Missão...91

Reassumindo o meu Reino..................................101

A Dor do Caído...113

A Última Missão...121

O Reencontro..137

—— Capítulo I ——

A Infância

Daremos início à nossa narrativa reportando-nos a uma era longínqua. Trata-se de um tempo em que os homens terrestres estavam começando a caminhar em suas jornadas evolutivas reencarnatórias. Muitos eram os povos, das mais variadas descendências. Esses povos se agrupavam em aldeias que, apesar de distantes, eram interligadas por estradas tortuosas, por onde trilhavam e comercializavam os frutos de suas culturas de subsistência.

A essa época, todas as aldeias se irmanavam em harmonia, posto que eram interdependentes. Não havia famílias ricas, tampouco pobres. Os anciãos eram muito respeitados, pois eles, por meio do diálogo com as divindades regentes de suas respectivas aldeias, orientavam os homens sobre a época do plantio e da colheita, até mesmo onde a semeadura deveria ser feita e de qual tipo. Tinham também o dom de curar as pessoas e os animais.

A cada solstício ou equinócio, todas as aldeias se reuniam para saudar e cultuar as divindades. Nenhum sacrifício era necessário, pois, nesses dias especiais, as entidades nos eram visíveis e não aceitavam nenhum tipo de oferenda que não fossem flores e frutos, apenas para simbolizar nossa gratidão e respeito.

Foi nessa era saudosa que conheci a vida terrena. Nasci na aldeia que cultuava a sabedoria e a cura, por meio da manipulação de ervas, e era abençoada pelo Grande IIA-ÓR-XÓSSI-YÊ, divindade maravilhosa a qual amo e respeitarei até o fim de meus dias nesta jornada evolutiva. Os chás que se produziam em nossa aldeia eram de grande valia pelas curas que proporcionavam a todos que necessitavam inclusive aos animais. Todas as crianças eram devidamente educadas em nosso clã.

O sacerdote-mor era Marab, que também era o principal mestre. Nele o conhecimento estava contido e dele era gerado. Nenhuma ciência escapava de sua atuação. Não obstante as limitações do povo primitivo que habitava a terra, ele sempre estava disposto a ensinar, obviamente que algumas coisas não eram transmitidas, talvez por não ser propício aos que buscavam condensar determinados ensinamentos. Esse grande homem tinha também um dom especial para a medicina, que parecia estar arraigada no íntimo de seu ser. Conhecia profundamente os vegetais, desde a concepção até a manipulação e a utilização correta. Dominava todos os dialetos com fluência e era conhecedor de todas as divindades: as cristalinas; minerais; vegetais, em especial; ígneas; eólicas; telúricas; e aquáticas. Sabia

A Infância | 9

como oferendá-las, conhecia seus elementos, seus encantamentos, suas linguagens e tudo o mais que se pudesse relacionar a qualquer uma delas. Mestre Marab conhecia as lendas de cada uma das entidades e não economizava floreios para explicar a quem quer que fosse sobre elas. Daí surge a explicação de seu nome: *Mar*, que significava geração, e *Ab*, que significava conhecimento; sendo assim, tem-se Marab, o que gera em si o conhecimento representado na expansão das marés sobre os rios que inundam e renovam a sabedoria.

Esse era meu pai, um mestre, um sábio e um curador que se casou com Atab, filha do mestre Alihum, da aldeia dos cristais, que o presenteou com sua filha, pois meu pai livrou sua tribo de uma peste raivosa que quase dizimou a todos. Dessa união, nasceram 14 filhos, dos quais eu era o primogênito. Fui batizado com o nome de Marab-hô, que significava que eu teria todas as qualidades, atributos e atribuições de meu pai, e o "hô" indicava que eu era o primeiro filho de meu pai, Marab-hô, o filho primogênito de Marab, herdeiro de seus dons e posses. Fui criado com todos os cuidados, como qualquer criança da época. Porém, aos 3 anos de idade, já despontava como sendo um escolhido, haja vista que lia e escrevia corretamente, sem que ninguém tivesse me ensinado letra alguma. Desenvolvi rapidamente todos os dons que uma criança normal alcançaria somente por volta dos 16 anos. Aos 7 anos, fui apresentado à Divindade dos Vegetais, regente de minha aldeia. Estranho fenômeno ocorreu então. A divindade ungiu minha coroa e assentou nela sua verde mão e, em um ápice energético, transferiu sua essência para o meu ser, inundando meu chacra coronário, tornando-me verde, cristalino, incandescente, de difícil explicação em palavras. Meu pai, emocionado, prostrou-se diante da luminosa entidade e pronunciou palavras de profunda gratidão. O olhar da divindade estendeu-se sobre meu pai, como a lhe dizer:

"Filho meu, em ti minhas obras se realizaram e eu me comprazo em ti, mas, em teu filho, as obras do Pai maior se realizarão".

Recordo-me dessas palavras até os dias de hoje, como se elas tivessem sido proferidas realmente. Todos os que estavam presentes à cerimônia foram abençoados, embora não entendessem claramente o que estava ocorrendo. Subitamente, comecei a pronunciar algumas palavras de dialeto estranho a todos, e não consegui me controlar. Meu pai anotou as palavras rapidamente, pois desconhecia o que estava sendo dito por minha boca. Com o auxílio de um ancião mais antigo, foi possível traduzir. Tratava-se de uma linguagem cristalina há muito não utilizada e que foi passada através de mim por um encantado, que era meu tutor espiritual e me apadrinhava naquele instante. Transcreverei aqui somente a tradução, já que o dialeto original é muito antigo, apesar de ser usado até hoje nos planos mais elevados, e, por isso mesmo, não pode ser assim tão amplamente revelado, até porque quem se utiliza dele para se comunicar não o faz com palavras, mas com vibrações harmônicas e etéreas. As palavras foram:

"Prestem atenção no que vou lhes dizer: Na fé do Senhor do mais alto, a ordem foi lançada. Uma nova era está preste a ser inaugurada, previnam-se, pois muitos de vocês ficarão e outros muitos irão conosco, visto que o fim chegou para todo aquele que honrou sua estadia aqui, neste planeta, que doravante será chamado de expiação e provas e não mais será governado por nós".

Imediatamente, o ancião e meu pai reuniram todas as aldeias e seus líderes e sugeriram que se estocassem alimentos e demais provisões, pois interpretaram nas entrelinhas da mensagem que deveria haver um grande período de escassez. Todos obedeceram respeitosamente.

De fato, o que foi predito ocorreu. Longos dias sem chuvas se passaram. As paisagens se tornaram desérticas. As noites eram frias e curtas, os dias eram intermináveis, muito sofrimento veio então. Muitos aldeões morreram. Até que esses dias difíceis findaram. Muitos sobreviveram, principalmente os mais jovens, e todos os sobreviventes saudaram a entidade que preveniu a todos através de mim e também os anciãos que souberam interpretar corretamente as palavras.

Contava eu com 10 anos de idade. Quanto mais o tempo avançava, mais eu aprendia e aprimorava meus conhecimentos. Assim, fui desenvolvendo meus dons e esmerando sempre mais, até que um dia recebemos a visita de um homem, que trazia seu filho para ser educado em nossa aldeia, juntamente comigo e os demais meninos. Meu pai recepcionou o novo pupilo e o colocou em minha companhia. Logo ficamos amigos, porque nossos diálogos e brincadeiras eram muito prazerosos, pois, assim como eu, ele era um prodígio. Em sua coroa estava a marca dos cristais, mostrando, pelo menos a mim, que ele era também um escolhido. Sempre andávamos juntos, éramos respeitados e ajudávamos a todos os nossos colegas em suas tarefas, que para nós eram rotineiras. Evitávamos apenas as brincadeiras e jogos comuns entre os jovens da época. Nosso prazer resumia-se em estudar e aprender, esta era nossa diversão. Mas as diferenças paravam por aí, gostávamos de fazer amizades, embora andássemos isolados. Meu pai sempre nos repreendia caso notasse que estávamos ultrapassando as fronteiras perigosas do orgulho e da soberba. A humildade era nossa principal lição, a qual deveríamos exercitar diariamente e a cada minuto, senão nossa personalidade seria deturpada e confusa.

Luci-yê-fér-yê, meu amigo, era um menino alto, de cabelos compridos. Seu corpo era bonito e bem esculpido pelas tarefas do arado e dos afazeres diários; aliás, essas características eram comuns nos jovens, já que todos tinham os mesmos deveres, e os esforços eram intensos. Mas quando ele falava, dominava a atenção de todos com grande facilidade. Seu dom especial era o de cativar as pessoas, de convencê-las a segui-lo e atender a qualquer um de seus apelos. Ele tinha esta habilidade, era um mestre nato. Suas palavras eram claras, concisas, preciosas. Era um líder e um rei, na mais pura acepção da palavra. Era um grande mago, pois tinha muita fé em tudo o que se propunha a fazer. Muitas coisas aprendi com ele. Quando Luci-yê-fér-yê queria fazer vento, erguia os braços para o alto e ordenava; suas palavras eram firmes, decididas, até mesmo eu queria me transformar em vento. Uma travessura que ele sempre fazia era a de fazer chover. Quando não queria trabalhar, ele ordenava a chuva; assim, nos recolhíamos no estábulo e descansávamos. Até que um dia meu pai descobriu. Fomos severamente punidos. Não devíamos desafiar a lei sagrada do trabalho, advertiu o mestre sem muitos rodeios. Assim, de travessuras em travessuras, erros e acertos, crescemos e atingimos o grau da maturidade, quando começa outro capítulo de nossas vidas.

—— Capítulo II ——

A Iniciação

Ao completarmos 15 anos, obedecendo às tradições das aldeias, os anciãos reunidos nos colocaram à prova, não apenas eu e meu amigo, mas a todos os garotos, até mais velhos que nós, porque, como já foi citado anteriormente, éramos pródigos. Aceitamos as provas com resignação. Cada um de nós tinha em seu semblante as marcas características do mistério que representava, só que não podíamos ver uns aos outros, somente os mais sábios é que conseguiam vislumbrar tais visões; então não sabíamos ao certo que tipo de exame cabia a cada um. Essas provas não eram apenas escritas ou faladas, mas também eram constituídas de aptidões, como habilidade no manejo com armas e magias, que todos deveriam saber usar com sabedoria e discernimento. Meu amigo, por exemplo, custou muito para se dar conta de que não deveria usar seus poderes para fazer soprar os ventos ou mudar o curso das marés. Havia também os testes de uso de ferramentas no campo e no manejo com os animais, cura e muito mais coisas, que é melhor não citar, pois demandaria muitas folhas desnecessariamente. Muitos rapazes foram reprovados, outros ainda tiveram de refazer alguns tópicos, mas posteriormente seriam aprovados. Assim era a maneira mais apropriada e escolhida pelos mestres, principalmente por meu pai, para avaliar seus filhos e pupilos na iniciação dos mistérios sagrados. Confesso que eu pensava que estávamos sendo avaliados somente pelos homens. Ledo engano. Todas as entidades sagradas acompanhavam minuciosamente todos os iniciados; aqueles que eram marcados passavam para o estágio seguinte, do contrário, não é preciso nem mencionar. Sem querer me gabar, eu e meu amigo fomos aprovados em todas as tarefas e conseguimos galgar os difíceis degraus do mérito sem muito esforço.

Seríamos então iniciados nos sagrados mistérios dos orixás divinos, claro que um tanto quanto precocemente, mas afinal éramos escolhidos, alguma missão especial nos aguardava. Mas qual seria afinal? Por que me lembrei da mensagem ditada pela minha boca há tempos atrás, que dizia que novos tempos eram breves? Então o que estava reservado para nós? Por que tantas responsabilidades para dois garotos que mal atravessaram a puberdade? Mas ao mesmo tempo em que essas dúvidas pululavam em minha mente, meu inconsciente se enchia de orgulho e soberba, afinal, muitos dos meus amigos eram mais velhos que eu e meu amigo Luci-yê-fér-yê, e já no próximo equinócio seríamos nomeados mestres iniciados na luz e no saber. Eu como mestre dos vegetais e meu amigo como mestre dos cristais. Bem que eu tentei conter esses sentimentos negativos, porém, à medida que a data se aproximava, ficava mais difícil de deixar de lado esses fatos e me concentrar.

Alguns dias antes da data prevista, encontrei Luci-yê-fér-yê e procurei assunto para comentar ou dividir com ele minhas aflições.

– Como vai, irmão Marab-hô?

– Bem, apesar de estar ansioso. E você não está?

– Confesso que sim!

– Preciso revelar-te um segredo, mas estou receoso, já que é um segredo...

– Conte logo, você sabe que não vou comentar com ninguém!

– Sabe o que é? Trata-se de nossos irmãos mais velhos, que também se preparam para a iniciação. Quando me comparo a eles, chego a achá-los uns verdadeiros idiotas!

– AH, AH, AH, AH! Não me admira, porque penso da mesma forma.

Gargalhamos demoradamente, falando das coisas que achávamos engraçadas em nossos irmãos.

– Mas, Marab... – Interrompeu Luci-yê-fér-yê – Além de tudo isto que penso a respeito de nossos irmãos, sinto também que algo horrível nos aguarda, não sei dizer exatamente o que é, mas fico todo arrepiado só em pensar. Não sentes o mesmo?

– Sim, mas eu não queria comentar. De uns tempos para cá, notei algumas mudanças significativas em muitas das aldeias que visitamos, muito estranho isto, não acha?

– O quê, por exemplo?

– Na aldeia do leste, os irmãos não conseguem mais ver ou ouvir o canto das sereias nem da Divina Mãe das marés; além do mais, eles regateiam com tudo que lhes é oferecido, achando sempre que o que estão dando em troca tem muito mais valor. Isto nunca foi assim...

– Realmente, essas coisas estão acontecendo desde a morte do mago-mor Irsânor-yê. Percebeste também que todos os demais magos estão ficando muito doentes, inclusive nossos pais?

– Sim, claro que percebi.

– O que será que tudo isto quer dizer?

– Não sei, mas posso sugerir que façamos uma expedição nas matas do norte para pedir esclarecimentos ao divino pai do conhecimento; quem sabe ele nos esclarece algumas coisas!

– Sim, claro. Poderíamos também levar uma oferenda para recebermos as tão necessárias elucidações.

Assim fizemos. Colhemos e juntamos todos os materiais necessários, inclusive mantimentos, e discretamente nos dirigimos ao norte, em direção às matas virgens. Caminhamos por longas horas, tínhamos pressa de voltar antes do pôr do sol. Aproveitamos a paisagem, que era maravilhosa; aliás, é bom que se registre que as matas virgens sempre foram uma obra de arte do Pai Maior. Idiotas são os homens que não a sabem aproveitar. Chegamos a uma clareira muito apropriada para nossos propósitos. Limpamos o solo e fizemos nossa oferenda, pedindo esclarecimentos. Notem que tínhamos 15 anos de idade. Éramos apenas dois meninos para nos preocuparmos com o destino do mundo.

A Iniciação | 19

Ajoelhamo-nos em frente à nossa oferenda e oramos fervorosamente; enquanto orávamos, surgiu diante de nós a sagrada divindade das matas, que, com um gesto positivo da cabeça, agradeceu a humilde oferenda e ordenou que outras divindades recolhessem as essências contidas nos elementos ofertados. Após alguns minutos de completo silêncio, ela nos disse:

– Filhos amados, é com grande alegria que vos recebo em meu ponto, pois esta é última vez que podereis me ver. Nem mesmo em vossas consagrações eu me apresentarei novamente, nem eu nem as outras divindades. Sinto-me feliz por terdes vindo até aqui, atendendo ao chamamento das dúvidas que tendes, sem saber o justo motivo, já que sois apenas crianças e muitas das coisas que vos preocupam vos dizem respeito. Falo agora em vossa linguagem terrestre, porque conheço todas as vossas aflições e vos apadrinho desde o dia em que nascestes. É preciso que tenhais ciência da missão que vos aguarda, que é pura e renovadora. Será imprescindível que mantenhais a fé arraigada em vossos corações para não perecerdes ante as dificuldades que surgirão. Ainda há muito que aprender, pois no futuro, que é breve, vós sereis líderes dos povos que na Terra ficarão e que também não será mais governada somente por nós, entidades cristalinas, oriundas da Coroa Divina do Pai Excelso, mas de uma única e suprema alma que ditará todas as normas de purificação das almas que aqui serão remanescentes. As aldeias se alastrarão por todo o globo. A escassez e a fome serão comuns. Na Terra, aportarão espíritos deturpados pelo ódio, pela soberba, pelo egoísmo e por todos os demais vícios chamados humanos, pois esses serão os povos terrenos, os humanos, vindos de outra egrégora, que foram renegados e estão sendo exilados para depurarem seus sentimentos mundanos. Os aldeões que encontrardes não mais estarão com a alma original, concebida para desfrutar do mundo que conheceram, eles serão a escória. O medo será comum. Mas não vos preocupeis, pois só o que será prejudicado é o corpo, a alma pura e boa já está indo aos poucos. Quanto ao mais, considerai-vos iniciados nos mistérios da luz e do saber; a partir de agora, vós sereis ungidos e escolhidos para conduzir os povos à redenção, para a glória do Pai Maior, que está no mais alto dos céus e que não encontrou outra forma de conduzir seus filhos de outro mundo para a luz e a vida eterna. Aqui, neste ponto, eu, IIA-ÓR-XÓSSI-YÊ, no meu nome sagrado, voz consagro como Mestres da luz e do saber e vos confiro o poder pleno sobre todos os elementos e criaturas, vivas ou não, por cima ou embaixo da Terra, humanos ou animais. Sede fiéis representantes da voz do Pai que está nos céus e do escolhido que irá governar a Terra.

Depois de ouvir isto, permanecemos em silêncio e ajoelhados, cabisbaixos, aguardando o final das consagrações. Então, uma por uma, as divindades nos ungiram com seus elementos sobre nossa coroa e chacra. Após longo período de espera, fomos convocados a nos levantar e nos aproximar de IIA-ÓR-XÓSSI-YÊ.

— Notei que estais tentando combater o sentimento de soberba e egoísmo que está latente em vossos íntimos. Este esforço é louvável e espero que o vençais, pois o altruísmo deve vencer; do contrário, não sereis vencedores em vossas missões.

Depois disso, o Divino Pai que nos acolhia recolheu alguns elementos das folhas e também da terra e pediu que inalássemos. Então tocou em nossas cabeças com a mão esquerda, enquanto a mão direita se erguia para o alto, proferindo palavras de evocação poderosas, que tivemos de repetir. Do alto vieram luzes e mais luzes multicoloridas que nos atingiram a fronte, inundando todo o nosso ser de luz, compacta e firme, tornando-nos adultos. Senti que os poderes se abriram para nós. Em nosso peito, sete estrelas foram cravadas, cada uma com um símbolo sagrado, que carrego até os dias de hoje, cada uma representando uma divindade sagrada e um mistério da criação. Depois de tudo, o Pai ainda nos falou:

– Quando regressardes, não se assusteis com o que vereis, tende calma e coragem. No momento certo, vós sereis inspirados. Por fim vos revelo que vossa missão será a de trabalhar para que todos possam nos ver novamente.

Ficamos em silêncio ainda por mais alguns minutos, até que o Divino Pai se foi.

Depois de nos alimentarmos com alguns frutos, bebemos água e partimos de regresso à aldeia. Estávamos ansiosos para relatar todos os fatos aos nossos pais.

—— Capítulo III ——

O CAOS

Depois de tanta energia, sentimo-nos revigorados. Aquele sentimento de soberba havia desaparecido. Enquanto caminhávamos, comentávamos com certa euforia tudo o que havia acontecido; afinal, era um segredo nosso e não podia ser discutido em qualquer lugar.

Quando chegamos à aldeia, ficamos assustados com o que vimos; procuramos nos conter, pois nos recordamos das palavras que o Divino Pai nos disse. Nós nos acalmamos, porém o que vimos realmente nos impressionou. Todos os aldeões estavam em pé de guerra, ninguém se entendia, esbravejavam e xingavam uns aos outros. As mulheres tentavam proteger as crianças a todo custo. O fogo se alastrava por todos os lados. Os sentimentos de ódio e vingança se espalhavam freneticamente.

Corremos para nossas cabanas, cada um para a sua, e combinamos de nos encontrar mais tarde.

Depois de muito correr, alcancei a tenda de minha família. Quando vi meu pai, o velho Marab, comecei a chorar. Vitimado por um golpe de pedra na costela e outro na cabeça, o velho estava moribundo. Minha mãe tentava nos consolar inutilmente. Novamente, lembrei-me das palavras de meu mentor e me acalmei. Aproximei-me de meu pai, que se esforçou para sorrir ao me ver.

– Vês aqui, meu filho querido, um velho que já não serve mais para nada e que está prestes a partir, mas feliz por ver o filho primogênito a salvo.

– Não diga nada, papai!

"Estenda sua mão direita sobre seu pai e a esquerda erga para o alto", disse-me meu mentor. "É necessário que seu pai viva ainda um pouco mais".

Obedeci às ordens que ouvi em meu íntimo com toda a fé de meu coração. Impressionei-me com o que vi. Raios multicoloridos intensos saíam de minha destra, como se ela fosse uma fonte viva. Os raios vieram do alto e foram canalizados por mim, cobrindo todo o corpo de meu pai, regenerando cada parte ferida, cada osso, revigorando pouco a pouco a saúde do velho Marab, que se sentiu bem e levantou-se rapidamente. Todos ficaram emocionados ao ver o genitor se levantar.

– Como fizeste isto, filho meu?

– Atendi aos pedidos de um mentor que me acompanha neste instante, papai.

– "Mostre seu peito a ele", ordenou novamente a entidade.

Obedeci imediatamente. Meu pai ajoelhou-se e rendeu graças a Deus pelo que acabara de ver. Acompanhei-lhe no gesto, assim como todos os meus irmãos e minha mãe, que chorava orgulhosa do filho.

– Pai amado, vosso anjo concluiu com êxito a Vossa obra divina em meu filho, por isso Vos sou eternamente grato!

Depois de dizer isto, meu pai abriu suas vestes e mostrou-me seu peito, que era idêntico ao meu, com todos os símbolos sagrados. Lágrimas correram de meus olhos sem que eu pudesse evitar.

– Meu filho, de agora em diante serás chamado de Marab-Ho-Yê, porque és um iniciado, como eu e nossos ancestrais. O que tendes a me dizer?

– Meu querido irmão Luci-yê-fer-yê também o é, tal como eu.

– Que bom, filho...

"Aguardem a chegada do outro menino, depois rumem para um monte alto, sinalizado pela estrela cristalina. Lá eu lhes falarei novamente", disse meu mentor.

– Papai...

– Sim, meu filho, eu já ouvi; apressemo-nos em arrumar nossas coisas e mantimentos, partiremos assim que nossos irmãos chegarem.

Meu irmão Luci-yê-fer-yê não tardou a chegar, estava triste, pois não tivera a mesma sorte que eu; mas como não havia muito tempo, deixamos os comentários para depois. Depois de juntar alimentos e provisões, partimos sorrateiros, a fim de não sermos vistos. No caminho, explicamos tudo a papai, que nos ouviu pacientemente e depois nos esclareceu os motivos de tanta discórdia. Tratava-se mesmo de uma nova era. Estava há muito tempo escrito nos oráculos e depois foi confirmado por minha boca, naquele dia de minha apresentação, mas nenhum dos mais velhos, os que conheciam as predições, sabia como agir. Realmente os sentimentos de inveja daqueles que não podiam mais vislumbrar suas divindades causaram grande confusão, alimentando o egoísmo e o ódio dos mais devotos. Estes, aproveitando-se da situação desesperadora, deram asas à imaginação, incitando os povos a se digladiarem e acusando as aldeias vizinhas de terem rogado praga e coisas desse tipo para destruírem as lavouras e aniquilarem os habitantes. Obviamente, não havia mais os nativos das regiões citadas, apenas os corpos ficaram, as almas foram retiradas. Como se pode notar, a mesquinhez humana existe há tanto tempo que não se pode contar.

Viajamos dois dias e duas noites até chegarmos ao ponto de encontro. Luci-yê-fer-yê perdeu todos os seus entes queridos, pois eles foram aprisionados no interior de sua tenda, que depois foi incendiada. Não restaram nem mesmo os ossos de seus parentes. Por isso ele estava triste. Mas quando alcançamos nosso destino, ficamos felizes, pois os familiares de meu irmão estavam lá nos aguardando.

– Uma força misteriosa nos arrebatou e, quando vimos, estávamos todos aqui. – explicou o pai de meu irmão.

Recebemos então uma nova instrução:

– "Fazei uma grande fogueira no centro da pedra que ali está. Dela um grande vórtice será aberto, por onde todos serão conduzidos, com exceção dos dois escolhidos. Vós tendes três dias".

Tudo o que foi ordenado foi cumprido. Acendemos uma grande fogueira no alto da montanha e ela nos aqueceu durante os dias que se seguiram. Marab-yê aproveitou o

O Caos

tempo ocioso para nos instruir ainda um pouco mais. No segundo dia, meu pai nos disse:

– Se não perceberam, hoje é o equinócio da primavera, e, como nada é por acaso, é melhor que façamos uma humilde festa de despedida.

Assim fizemos. Ao anoitecer, na chegada do terceiro dia, reunimo-nos ao redor da fogueira e comemoramos a ocasião, como sempre fazíamos em nossas aldeias. Dançamos, bebemos e nos divertimos ao longo da noite. Porém, no alvorecer, a fogueira, que parecia estar no fim, incendiou-se novamente e, do seu centro, uma enorme labareda levantou-se até o mais alto dos céus, deixando-nos perplexos diante de tamanha beleza. Do centro do vórtice aberto, uma voz nos disse:

"Neste instante a nova era principia. Todos os habitantes puros da Terra deverão ser conduzidos para outra esfera, onde todos estarão daqui a milhares de anos, de acordo com a vontade sublime do Pai Maior, que nos gerou, mas que teve alguns de seus filhos, que habitavam outro plano da vida em outro mundo, renegados e indisciplinados. Agora, eles aqui aportarão, e serão depurados seus sentimentos mesquinhos e pobres. Quanto a Luci-yê-fer-yê e Marab-ho-yê, eles deverão permanecer aqui neste planeta, que neste instante está sendo denominado de planeta Terra pelos seus governantes, que assumem seus postos de agora em diante até o final desta era, e como eles, vocês, filhos queridos, foram escolhidos para conduzir os povos de agora em diante e enquanto durar esta fase. Um dia, Luci-yê-fer-yê e Marab-ho-yê poderão rever seus entes queridos, esta é a promessa divina".

Despedimo-nos. Um a um, nossos parentes foram sendo sugados suavemente pelo vórtice. Meu pai foi o último, encheu seu peito de orgulho e alegria, abraçando-me efusivamente com grande carinho e também a Luci-yê-fer-yê. De repente, o vórtice se fechou e nos vimos sós naquela imensidão. Recordo-me com precisão do olhar de meu pai, pois foi a última vez que o vi por milhares e milhares de anos.

Sentamo-nos exaustos sobre aquela imensa pedra, vislumbrando a paisagem já escura. Não sabíamos em que pensar nem para onde ir. Permanecemos em silêncio, tentando disfarçar a tristeza, mas era um esforço inútil. Éramos apenas dois jovens, órfãos e com uma grande responsabilidade pela frente. Então, à nossa frente, uma grande explosão ocorreu, ficamos assustados. O céu se abriu em um clarão inexplicável. Olhamos ao redor e tudo parecia rodar. Aqui um vórtice aquático se formou; acolá, outro eólico, como um furacão. Tempestades furiosas nos cercaram, mas conosco nada ocorria; almas e mais almas foram arrebatadas. Entretanto, enquanto umas subiam, outras caíam desesperadas, com olhos arregalados, amedrontados. Inutilmente tentavam se segurar, mas não conseguiam. Milhões de corpos estavam espalhados por toda a face incendiada da Terra, onde o caos e o desespero se instalaram impiedosamente. Cada vez que uma daquelas pobres almas caía, tomava um corpo e este imediatamente se levantava e saía correndo, como a querer fugir, sem saber ao certo do quê. Vimos o fogo, a água e o ar se juntarem para refazer o equilíbrio da Terra, que estava toda destruí-da. Tudo aquilo se apresentava aos nossos inocentes olhos como um espetáculo divino. Nada fizemos, apenas assistimos a tudo, ilesos, pois onde estávamos nada acontecia. Aquilo era a Lei em ação; não sabíamos naquele momento, viemos a saber depois de muito tempo. E digo-vos mais. Outra era está próxima, é bom que vos prepareis, porque haverão outros exilados. Esta é a vontade do Pai, que já preparou outro mundo e outros tempos para os que se vão. Os que ficarem não mais verão os céus nem haverá guias como nós para ajudar.

Quando tudo silenciou novamente, eu disse a Luci-yê-fer-yê:

– Não sei quanto a você, mas eu não pretendo sair daqui tão cedo. Acho melhor pousarmos por aqui, parece-me mais seguro.

– Concordo. Além do que, depois de tudo o que vi, não consigo pensar em nada!

– Eu também não consigo. Vamos nos acomodar e dormir. Amanhã decidiremos o que fazer.

– Está bem.

—— Capítulo IV ——

JUVENTUDE

Dormimos profundamente, apesar das circunstâncias. Então tive um sonho do qual nunca me esqueci. Estávamos eu e meu irmão em uma cabana próxima do mar, quando uma onda enorme se levantou, atingindo-nos e inundando todos os lugares por onde passava. O mar estava bravio e o vento, furioso. A terra tremia, e muitas pessoas foram assoladas. Quando a tempestade passou, só se viam cadáveres por todos os lados. Aliás, não sei dizer como eu e Luci-yê-fer-yê nos salvamos. Despertei assustado com o grito de meu companheiro, que também teve o mesmo sonho que eu. Comentamos nossos sonhos, mas não conseguimos interpretá-los de forma alguma. Adormecemos novamente.

Ao amanhecer, vimos a terra com outros olhos, o ar estava renovado e o sol invadia lentamente a terra, aquecendo de forma suave e carinhosa toda a relva ao redor. A paisagem vista da montanha em que estávamos era literalmente uma imensidão verde sem fim. Aqui e ali se podia notar a presença de pássaros e outros animais, uns estranhos, outros já conhecidos. Tudo parecia renovado, como se nós tivéssemos dormido dias e noites a fio sem perceber. Como era meu costume, ajoelhei-me para orar e agradecer, meu amigo acompanhou meu gesto. Percebi uma sombra ante meus olhos. Frente à luz do sol, um anjo se revelou e nos saudou dizendo:

– Que a paz esteja convosco. Vim até vós para transmitir uma ordem do Pai. Permanecei aqui por mais tempo, pois aqui estareis seguros; ainda hoje a Terra se transformará. Onde hoje verdes o mar, estará a terra e onde a terra e o deserto estão, o mar inundará. Toda a vida deste planeta se transmutará. É a força do Pai e dos governantes planetários para adequar nosso planeta à nova era. O Divino Pai me ordenou que aqui eu permaneça, firmando este território para que nada vos aconteça.

– Se me permite falar...

– Sim, Marab, vossos sonhos foram a predição deste dia.

– Por quanto tempo dormimos?

– Sete dias e sete noites. Nesse período, vossos corpos foram modificados. Se olhardes vossos peitos, vereis que não há mais marcas ou símbolos sagrados, porque agora vós sois de carne e osso. O organismo que vos revestia não mais existirá, até que se cumpra a nova e eterna aliança do Pai com os Governantes de Capela, que aqui aportaram os seus filhos renegados, em sublime acordo, pois o tempo daquele planeta chegou e o Pai não admite que nenhum dos seus pereça, por pior que eles sejam. Somente os que têm olhos treinados poderão notar vossos símbolos sagrados.

– Mas por que tantas mudanças? – Indagou meu companheiro observando seu peito.

– Para densificar a atmosfera terrestre e criar alguns mecanismos de retificação, reparação e provas a que se sujeitarão os novos habitantes terrestres. Foi o único meio que o Pai encontrou para salvar seus filhos queridos. Esta é a ordem do amor, nada mais.

– E o que devemos fazer? – perguntei.

– Por enquanto, aguardar. Devo advertir que vós sereis os únicos seres a saberdes de todas as coisas que revelei e que ainda revelarei, portanto, deveis ser sábios e conscientes de vossas responsabilidades.

– Nós obedeceremos.

Quando o divino anjo partiu, permaneci ainda algum tempo orando. Pedi paciência e sabedoria. Rezava profundamente e, aos meus ouvidos, minha prece ecoava por todo o imenso Universo, não obstante o silêncio de minha voz. Depois disso, eu e Luci-yê-fer-yê partimos para a mata a fim de colher alguns frutos e animais para não passarmos fome. Estocamos água, montamos uma tenda e ali permanecemos, revezando nossas conversas entre orações e divertimento. Começamos a observar nossos corpos. Nossas vestes eram rústicas. Em nosso peito, havia muitos pelos. Nossos cabelos eram longos e lisos; na face, olhos grandes e verdes, com cabelos por cima, pelos curtos cobriam nosso rosto de adolescentes. Materialmente, não se podiam ver as marcas de nossas coroas. Começamos a rir ao notar os membros um do outro. Coisas de rapazes. Nós nos divertimos bastante. Não que não tivéssemos membros sexuais antes, é que as formas eram diferentes. Não posso revelar como eram, mas garanto que eram menos vergonhosos, porque, como todo adolescente, coisas aconteciam conosco que nos deixavam encabulados. A ereção nos pegou de surpresa. Grandes e inexplicáveis excitações me arroubavam sem que eu soubesse o que fazer. Creio que com Luci-yê-fer-yê ocorria o mesmo, mas como ele não comentava, eu também evitava tocar nesse assunto.

Quando o sol se alinhou no centro do céu, a terra começou a tremer. Então o anjo de Deus se posicionou sobre nós. Ajoelhamos respeitosamente diante d'Ele, mas fomos orientados a sentarmos confortavelmente, pois os eventos que estavam para ocorrer iriam demorar.

De norte a sul, de leste a oeste, a paisagem começara e se modificar. Grandes fendas se abriam engolindo as árvores; a crosta girava, estremecendo toda a face. O mar invadia as paisagens desérticas. Nuvens negras formaram-se, e raios furiosos alcançavam a terra em explosões assustadoras. Os animais se refugiavam como podiam. Gritos assombrosos eram ouvidos por todos os lados, o pânico tomou conta de todos os que podíamos ver. Tudo se passava como em uma gigantesca tela. Estávamos calmos, porque nada nos atingia, até mesmo o sol brilhava sobre nós. O anjo nos acalmava com sua presença dócil e segura, como o Pai ordenou. Horas e horas se passaram até que tudo se consumasse. Eu, de minha parte, fazia minhas preces a Deus e ao meu mentor.

Vi o curso dos rios ser alterado. Os que fluíam para o leste foram para o outro lado. Onde o mar estava, virou deserto. Vulcões e mais vulcões se formaram, entrando

JUVENTUDE | 35

em conflito com as águas dos mares que os cercavam; as explosões eram constantes e arrepiantes, tudo se transformava como em um piscar de olhos. Nuvens de poeira e vapor formavam-se, recobrindo os céus, fazendo o sol se apagar. Uma grande tempestade assolou a Terra por sete dias e sete noites. Durante o período das chuvas torrenciais, o sol sobre nós se apagou e sobre nós também choveu. As águas subiram tanto que recobriram mais da metade da montanha em que estávamos alojados. Mantivemos nossa fé, pois o anjo nos acalmava o tempo todo; sabíamos que sua única missão naqueles momentos era a de nos proteger.

No oitavo dia, depois de tudo consumado, confesso que não acreditava que havia vida sobre a face da Terra. Não seria possível que houvesse algum sobrevivente diante daqueles horríveis episódios de fúria natural.

– Há vida sim, Marab – disse-me o anjo. De agora em diante estais liberados para verificar com vossos próprios olhos o que acabo de afirmar; nada mais vai acontecer, a não ser alguns eventos naturais e necessários para a evolução da natureza, seus habitantes, animais e plantações. Tudo será fornecido de acordo com a necessidade dos homens e criaturas que aqui viverão por longos milênios. Segui o instinto de vossos olhos, que apontarão o caminho que deveis seguir; quando for a hora, percebereis o lugar em que devereis fundar vossas aldeias e conduzir todos os filhos dela à evolução e redenção de seus pecados. Muitos de seus filhos poderão ascencionar, como nós já somos; outros cairão, como ocorreu com muitos outros e que ora preparam seus reinos no plano inferior, ou no embaixo, para sustentarem vossas missões. Não caiais, não desistais, porque em tudo há o amor de Deus, inclusive em vós. Nada temais, eu estarei convosco até o fim, esta é a minha promessa eterna, por amor à Lei, a Deus nosso Pai Maior e a todos os governantes deste planeta.

– Diga-nos, Anjo...

– Chamai-me de Gabriel de agora em diante. Está bem?

– Sim. Então diga-nos, anjo Gabriel, por que fomos escolhidos?

– Vós não fostes escolhidos, fostes preparados, é diferente. Desde vossa geração na Coroa Divina, fostes preparados com elementos especiais, gerados unicamente para este fim. Em vossos mentais, a aura celeste se assentou em todos os planos e esferas da vida, assim como em outros sete irmãos de vossa mesma egrégora. Todos eles hão de vir depois de vós.

Depois de receber várias elucidações sobre nossa missão, despedimo-nos de Gabriel, que reforçou sua promessa de nos acompanhar, e descemos do monte por um caminho margeado por pontos brilhantes que surgiam enquanto caminhávamos. Pelo caminho íamos discutindo todas as coisas que presenciamos acerca de tudo o que o anjo de Deus nos disse e suas orientações, deixando-nos seguros e confiantes. Apesar de não o vermos, sentíamos sua presença espiritual. Éramos jovens, portanto vacilávamos em algumas coisas, mas éramos socorridos de pronto. Caminhamos por dias e dias sem chegar a lugar algum, mas os pontos luminosos continuavam surgindo, então prosseguíamos incansáveis. Vez por outra parávamos para descansar e nos alimentar, depois continuávamos. Até que chegamos em um lugar cheio de pessoas que tentavam se organizar para levantar suas casas. Percebemos que todos estavam assustados e fragilizados. Algumas mulheres choravam a perda de seus filhos, os homens tentavam acalmar a todos, porém ninguém se entendia. A lástima e as doenças estavam espalhadas como pragas tenebrosas e assustadoras.

– Por que estão aí parados? Não vêem que perdemos tudo? Nem ao menos sabemos onde estamos... – inquiriu-nos um senhor enfurecido e revoltado com toda aquela situação.

Imediatamente, colocamo-nos em ação. Conseguíamos entender todos os dialetos falados, por isso tínhamos mais facilidade para organizar as ações a serem tomadas. Quando havia alguém ferido ou inconsciente, Gabriel me inspirava no íntimo sobre o que fazer. Aos poucos, os doentes foram se recuperando e todos se admiraram de nós. Luci-yê-fer-yê trabalhava correndo, ajudando os homens com seus poderes, também orientado pelo seu anjo pessoal. Gradativamente, uma aldeia limpa e organizada foi surgindo e todos recuperaram a paz. Ao olharmos para o norte, um caminho de luz se fez novamente. Quando íamos partir, Gabriel nos disse:

– Marab, você retornará aqui, pois esta é a sua aldeia.

Chegamos a outro lugarejo, depois de dois dias de viagem. A situação era semelhante, só que um pouco mais sofrida e com maior número de habitantes.

– Luci-yê-fer-yê, esta será a sua tribo, e das duas civilizações formadas descenderão todos os filhos de Deus. Que vocês sejam prósperos e felizes.

Partimos para a ação, da mesma maneira que em minha aldeia, agora denominada de civilização. Todas as providências foram tomadas, e o poder de meu irmão se fez ainda mais presente. Sua voz era ouvida, e seu idioma foi se tornando frequente a cada minuto. Todos o admiravam. Depois de muitas curas e obras, despedimo-nos com um grande abraço fraterno. Com lágrimas em meus olhos lhe disse:

– Irmão querido, não sei se vou conseguir realizar tudo o que é preciso longe de ti. Muitas coisas nós vivemos juntos, és meu único familiar neste mundo, como será viver assim?

– Penso nisso também, mas temos de prosseguir, não é mesmo? Então que o façamos sem rodeios. Cada um em sua missão. Não há tempo para nos lamentarmos agora.

– É verdade. Então até logo, meu irmão. Fique em paz.

Foi a última vez que abracei meu irmão desde então.

De regresso à minha aldeia, percebi que havia muitas pessoas doentes. Entreguei-me ao trabalho, usando meus poderes para salvar vidas. Até que um senhor me falou furioso:

– Será que não percebes que perdemos tudo, seu idiota. Não há alimentos; se continuares salvando vidas como um herói, vamos passar fome.

– Deus não deixará que isso aconteça!

– Ora, deus, deus...ao inferno com este deus!

– Quanto ódio senhor, por que estás assim, todos estamos vivos e há muita terra para cultivar...

– Depois de toda a catástrofe que nos atingiu, você queria que eu ficasse como? Batendo asas como uma borboleta?

Perdemos tudo, seu imbecil, acho que só você não percebeu isso. Animais e plantações, não há mais nada, além do que, tem um monte de idiota por aqui que nem sabe o que estou falando. Não me venha falar de deus, seu moleque...

– Mas...

"Cale-se", asseverou-me Gabriel, "imponha sua mão sobre este senhor e só abaixe quando eu ordenar".

Obedeci à voz de meu mentor. O homem ficou rijo, sem ação. Todos os que estavam ao redor ficaram assustados. Durante o curto período em que minhas mãos estavam sobre a cabeça do velho, um fluxo energético negro e fluídico saía do homem e escorria por minha mão, até que Gabriel pediu que eu tirasse a mão. O velho ficou absolutamente debilitado, sem saber quem era ou onde estava. Após o ocorrido, percebi que todos passaram a me respeitar mais.

Ergui uma cabana para mim em meio às outras. Organizei os homens e reconstruímos muitas coisas. Novos pastos surgiram. Capturamos animais e replantamos os alimentos de que necessitávamos. Aos poucos, a escassez se esvaiu e grande alegria tomou conta de nós.

Nessa época, eu deveria ter por volta de 19 anos. Já era um homem completo e bem formado. Minha estatura grande contribuía para que os outros homens me respeitassem ainda mais. Mas uma coisa ainda me atormentava a alma. Novamente o membro sexual se mostrava cada vez mais presente em meu dia a dia. Eu não conhecia os prazeres da carne, não fora criado para isto, mas estava na terra. As excitações ocorriam com grande frequência, e já não sabia o que fazer. Foi então que Gabriel me socorreu:

– Querido Marab, enquanto estavas no outro mundo, estas coisas não eram necessárias, porém, agora que estás na terra, devo orientar-te que este é o meio pelo qual Deus encontrou para que seus filhos procriassem e se espalhassem. O órgão que sustentas é o masculino...

E, assim, fui orientado sobre a sexualidade e seus perigos. Percebi que ao mesmo tempo que era necessário, era perigoso, e eu passei a prestar mais atenção para não perder o equilíbrio natural desse ponto importante da vida. Agradeci as lições aprendidas e despedi-me de Gabriel novamente.

Percebi a importância de se ter uma esposa. Era preciso procriar, esse é o curso natural da vida, pois, se fosse para não ser usado e apenas evitado, O Divino Pai nos teria feito sem, não é mesmo? Andei pela aldeia pensando nesse assunto. Ajudava a todos. Reuni-me com os homens e planejamos o plantio de novas sementes. Foi então que vi Sah-ra-tiê, uma bela moça da aldeia e que ainda era solteira. Seu pai percebeu meu olhar apaixonado e perguntou-me:

– Que achas dela, filho?

– Linda, como uma flor, senhor!

– Ela é minha filha e seria uma honra oferecê-la a ti. Tu que tanto trabalhas certamente serás um bom marido e um bom pai.

– Quanta honra, senhor...

– Tirius, Tirius Natos.

– Resta-nos saber se ela me quer, não é mesmo senhor Tirius?

– Oh, sim, eu sei que ela o quer. Vez por outra ouço os comentários dela com a mãe. Um pai verdadeiro não se engana facilmente.

– Posso...

– Claro...vá em frente!

Iniciou-se uma nova fase de minha vida. Fiz uma grande festa. Convidei a todos, estava muito feliz com minha esposa, que também demonstrava felicidade por estar ao meu lado.

– Deus abençoou teu casamento, – disse-me Gabriel – mas controle teus impulsos, senão haverá queda, e não haverá salvação.

Depois de festejar a noite toda, encaminhamo-nos para o quarto nupcial, construído somente para este fim. Foi então que percebi o real valor das palavras de Gabriel. Depois de amar Sah-ra-tiê pela primeira vez, descobri os sabores e delícias da carne, mas aprendi a ser equilibrado, para prolongar minha felicidade.

Foi assim que descobri os prazeres da juventude, com uma linda mulher, de cabelos longos e firmes, de olhos negros como a noite, alta, esbelta, de pele macia e branca, como peras maduras.

Éramos muito felizes, e nossa alegria aumentou ainda mais quando Sah-ra-tiê me deu a notícia de sua gravidez. Meu primeiro filho nasceria na próxima primavera. Que mais eu poderia querer, eu estava radiante.

Mas então tudo mudou repentinamente...

—— Capítulo V ——

A LOUCURA E O ÓDIO

Estava meditando sobre tudo o que ocorreu comigo e com minha esposa na beira de um riacho calmo e tranquilo. Percebi a importância dos ensinamentos do Anjo Gabriel sobre sexualidade. Realmente, os prazeres carnais são tentadores, é preciso sabedoria e altruísmo para não cair em tentações. Eu sabia que era um homem muito poderoso e influente e que poderia ter todas as mulheres que eu quisesse, bastaria estalar os dedos e dar vazão aos sentimentos que me fluíam no íntimo, incitando-me ao pecado.

"Percebeste a extensão de tuas responsabilidades como líder de um povo, Marab? A minha tarefa é alertá-lo, a tua é ouvir e aprender a ser um homem de boa conduta e retidão de sentimentos", falou-me Gabriel.

– Anjo querido, se não fosse por suas palavras não sei o que seria de mim neste mundo tão cheio de tentações deliciosas a me cercarem por todos os lados.

Fomos interrompidos por Sah-ra, que me abraçou suavemente, beijando-me a nuca. Ali mesmo nos deitamos e nos amamos por horas sem nos preocuparmos com o tempo. Retornamos para a aldeia felizes. Confesso que comecei a olhar as mulheres de outra forma, mas, recordando-me das palavras de meu mentor, eu limpava minha mente das impurezas, distraindo-me com outros afazeres.

Um dia fui inspirado por Gabriel a reunir todas as mulheres para dar uma festa, juntamente com seus maridos; enfim, todos os aldeões deveriam participar. Nesse dia, sempre orientado espiritualmente, colhi várias ervas e flores e ungi o ventre de cada uma das mulheres, pedindo a Deus, o Senhor da vida, para que abençoasse cada uma de suas filhas em uma longa oração de fé e amor. Dias depois, foi constatado que a maioria das irmãs estava grávida. Foi uma bênção de amor e todos se regozijaram com a notícia.

A época do plantio estava próxima e preparávamos os campos escolhidos para a semeadura, quando ouvi a voz da Mãe-Terra a me falar:

"Aqui neste campo não será um bom lugar, pois as chuvas que se aproximam inundarão este local. É melhor semearem nos campos mais acima".

Ordenei que todos parassem imediatamente e aguardassem novas instruções. No domingo seguinte, reuni todos os homens e lhes narrei o que ouvi. Todos então decidiram que era melhor obedecer à voz da Mãe-Terra. Usaríamos os campos inferiores para pastagens, enquanto as inundações não viessem. Mas durante a reunião notei que uma mulher, que eu não conhecia, dirigia a mim um olhar devorador. Seu sorriso era sedutor e avassalador.

"Cuidado", alertou-me Gabriel.

Desviei meu olhar, enquanto terminava a reunião, e ordenei os preparativos para os trabalhos do dia seguinte. À tarde, Sah-ra-tiê foi visitar a mãe, a fim de aprender algumas receitas de pães. Fiquei só em minha casa, pensando e orando. Eis que a moça que me devorava com os olhos invadiu a cabana, tirando-me das orações e fazendo-me saltar assustado.

– Que queres aqui?

– Tu, homem lindo.

– Sou um homem casado e feliz. Se vieste com este intuito, volte para o lugar de onde veio, que suponho ser um ninho de serpentes.

– Vejo o fogo da paixão ardente em teu íntimo, não fujas de mim, quero ser tua agora!

– Não te tocaria por nada deste mundo. Cale-te e saia daqui.

Aquela mundana deixou cair suas vestes, revelando-me seu corpo escultural.

– Venha, sou tua...venha...

– Saia de minha tenda agora, sua imunda.

Nesse momento, ergui minha mão até a altura do sexo dela e irradiei com força um fogo que ardeu intensamente, pois ela gritou. A meretriz se recompôs e saiu ameaçando-me:

— Juro que irás te arrepender disto. Sentirás o peso de minha ira...eu voltarei.

E retirou-se enfurecida. Gabriel então me disse: "Você venceu apenas uma batalha. Prepare-se para vencer uma guerra grandiosa. Seu irmão não foi assim tão forte. Não obstante as constantes orientações de Salatiel, seu anjo, ele caiu nas garras afiadas da luxúria e do prazer. Terá de vencê-lo para resgatá-lo do mal que habita nele. Esta é a vontade do Pai".

Entristeci-me com a notícia que acabara de ouvir, mas a vida deveria seguir. Após o retorno de minha esposa, adormeci, procurando afastar a tristeza, consolando-me no lar e em minha futura família.

Na alvorada, despertei e segui minha rotina de orar ao Pai antes de qualquer outra atividade. Despedi-me de Sah-ra-tiê e saí ao encontro dos outros homens. Carregamos todas as carroças e atrelamos os animais. Fiz então uma prece no meio da praça central e partimos para o trabalho. Lembro-me que minha esposa me deu um longo beijo e disse: "Guarde este beijo, pode ser que você precise". Após longa caminhada, atingimos os campos para os plantios. Descarregamos e começamos a trabalhar, tínhamos pressa em regressar aos nossos lares. Éramos homens felizes e orgulhosos de nossas famílias, todos sentíamos saudades, cada um a seu modo, mas o sentimento era o mesmo no final. Cantávamos para nos distrair e à noite ríamos em volta da fogueira, contando nossas histórias e aventuras. Na quarta mudança de lua cheia, tudo estava pronto, os campos estavam semeados. Dividimos as tarefas de revezamento, em que sempre cinco homens permaneceriam nos campos, enquanto os outros retornariam para a aldeia. Os primeiros a ficar foram os solteiros, portanto, menos carentes, mas muito responsáveis. Eu e os demais regressamos felizes pelo dever cumprido.

Quando chegamos, estávamos todos eufóricos. Corríamos como crianças, mas nos assustamos com o que vimos. Um calafrio percorreu minha espinha dorsal. Tudo estava destruído. As tendas queimavam, não havia sinal de vida. Cada um de nós correu em direção às respectivas casas. Quando cheguei na minha, nada encontrei a não ser cinzas. Ajoelhei-me e chorei desolado. Tudo que tinha construído estava queimado, nada restara, nem mesmo Sah-ra-tiê. Novamente Gabriel socorreu-me:

"Tu foste avisado, Marab. Dias atrás eu te disse que não seria fácil.

– O que aconteceu? Onde estão todos? E a minha Sah-ra? Por que tudo isto?

"Tudo não passa de uma exteriorização de todos os sentimentos mesquinhos e humanos que vieram combater e dos quais agora são vítimas. A ambição, a inveja, as paixões, a cobiça e todas as demais viciações dominaram o mental de teu irmão Luci-yê-fer-yê, que agora acredita que é o rei do mundo. Não tente combatê-lo, já que ele pode dominar todos os homens com um simples piscar de olhos, como fez com todos que cruzaram seus domínios.

– Mas o que devemos fazer então, lamentarmos as perdas e irmos embora?

"Creio que é o melhor a ser feito por hora. Os que quiserem seguir-te serão salvos e os que não, arrepender-se-ão.

Realmente o ódio se apoderou de todos os homens. Eu não sabia o que fazer. Foi quando ouvi um gemido em meio aos escombros. Apressei-me em socorrer. Era minha amada Sah-ra-tiê, que, apesar de estar muito ferida, conseguiu dizer-me:

– Uns homens de vestes negras invadiram a aldeia logo que vocês saíram. Violentaram todas as mulheres, raptaram as crianças e mataram os mais velhos impiedosamente; depois atearam fogo em tudo e partiram, rindo feito loucos.

– Está bem, minha querida, mas e tu, como estás?

– Estou exausta, mas estou bem. Fui violentada e depois uma mulher que era filha desta aldeia arrancou nosso filho de meu ventre com as próprias mãos. Ela gargalhava ruidosamente, dizendo que sua vingança estava consumada. Orgulho-me de ti, porque sei o que aconteceu entre vocês, um anjo mostrou-me tudo. Sinto-me fraca... não resistirei,... mas é preciso que saibas que eu estarei bem... não... ttte... preocupes comigo...

– Oh! Deus, para que tanta ignorância?

Sah-ra-tiê deu ainda um último suspiro e partiu. Vi quando sua alma ascendeu, conduzida por mãos translúcidas. Isso me consolou, mas não abrandou meu ódio e minha revolta. Meus poderes não serviram para nada. A desgraça se instalou sem que ao menos eu pudesse me defender.

"Se não te acalmares, perecerás".

– Destruíram tudo o que tínhamos, mataram os mais velhos, raptaram as crianças, saquearam todas as nossas provisões, violentaram e mataram nossas mulheres, provocaram aborto e ofereceram os fetos a um deus desconhecido. O que pensas que somos, Gabriel? Bonecos de papel? Não vou conseguir conter meus ímpetos de ódio e vingança, porque é só isso que desejo agora. Não vou virar as costas e sair andando, como se nada tivesse acontecido, isto não!

"Não penses assim, Marab. Vence esses sentimentos e a ti mesmo, é o melhor caminho.

Fiquei com minha amada no colo por um bom tempo, chorando copiosamente. Pensava eu: como não fui avisado sobre isto? Por que tudo isto deveria ocorrer? Que missão era a minha então, ver a desgraça acontecer e sair andando? O que Deus queria de mim? Ouvi então outra voz estranha aos meus ouvidos:

"Aqui não é um bom lugar para o plantio... Lembra-te disso, irmão? Ah, Ah, Ah, Ah, Ah, Ah...".

Corri para o campo onde tinha ouvido a voz da Mãe-Terra. Não notei nenhum sinal de infertilidade nem de inundação. Percebi que fora vítima de alguma trapaça nojenta. Novamente a voz falou:

"Ah, Ah, Ah, Ah, Ah, lembra-te de nossos jogos da juventude, irmão? Tu sempre foste um perfeito idiota, eu sempre ganhava... Ah, Ah, Ah, Ah...".

Era Luci-yê-fer-yê. Nesse instante, percebi a sua queda terrível. Realmente na dimensão humana é difícil vencer as tentações, principalmente quando se têm tantos poderes. O ódio que sentia foi alimentado por aquele truque vil e sujo. Alguma coisa deveria ser feita, o mal deveria ser combatido a todo custo. Armei-me de todos os poderes que eu tinha e também da minha insanidade e parti ao encontro da vingança, desprezando a orientação de Gabriel, que se calou definitivamente, deixando-me à sorte de meu livre-arbítrio. Fica aqui uma breve lição. Sempre teremos ao nosso alcance a voz de algum amigo a nos orientar sobre o melhor caminho, mas se não dermos ouvidos às sutis sugestões, eles se calarão, deixando-nos sempre à mercê de nosso livre-arbítrio, que é um importante benefício. Se bem usado, só nos fará bem. Contudo, se perdermos a sutileza das mãos divina a nos orientar, sempre usaremos nosso benefício de forma contrária às leis, o que sempre nos prejudicará profundamente. Podem ter certeza. Pena que há milhares de anos eu não me dei conta disso. Deixei que todos os instintos mesquinhos fluíssem em mim, como um rio, ascendendo um ódio tão grande, que me achei capaz de dominar as forças que queriam dominar o mundo. Quanta estupidez! Atirei-me de cabeça na batalha fatal da vaidade e da ignorância. Afinal, se meu irmão podia, eu também poderia.

O ódio e a sede de vingança tomaram conta de mim. Tramei minuciosamente minha vingança e falei sobre minhas intenções aos meus companheiros, relatando a todos as medidas que iríamos tomar. Não tínhamos armas, mas produzimos alguns tipos de provisões de guerra, usando a imaginação e habilidades manuais. Nosso ódio aumentava mais e mais, deixando-nos completamente cegos. Sem perceber a sutileza das defesas do inimigo, avançamos pela madrugada, com o intuito de pegarmos a aldeia vizinha de surpresa. Porém, quando chegamos lá, ficamos chocados com o que presenciamos. Observamos em silêncio a aldeia, que parecia estar em festa. Eu estava tentando armar a estratégia para o ataque, enquanto presenciava aquela barbárie toda. Lembrei-me dos nossos tempos de infância e de tudo o que aprendemos. Nada daquilo condizia com nossos ensinamentos. "O que aconteceu com meu irmão?", pensava triste. No centro da aldeia, havia uma grande praça e, no centro desta, uma pira enorme que jorrava sangue. Em cima dela, uma grande imagem bestial era adorada como um deus. A pira estava cheia de corpos e fetos humanos aparentemente sacrificados para algum fim que até então eu desconhecia, já que eu ignorava tais práticas. Luci-yê-fer-yê estava sentado em um trono negro; ao lado dele, além de outras mulheres, estava aquela mundana que tentou me seduzir. Guardas bem armados estavam de sentinela ao seu redor. Todos estavam gargalhando e bebendo em taças de metal. Não sei dizer qual era a bebida, mas estavam todos embriagados e loucos. Pelo chão da praça, mulheres e homens se misturavam em total êxtase de pecado e luxúria sem o menor pudor. Ao ver tudo aquilo, meu ódio e desprezo aumentaram. Ergui minha clava aos céus, pedi forças ao Pai e ordenei o ataque. Como já citei, meu ódio deixou-me cego. Não percebi a sutileza das defesas de Luci-yê-fer-yê, que vigiava todos os meus pensamentos e passos. Seu poder era muito superior ao meu e, quando nos erguemos para o ataque, as defesas já estavam armadas. Em minutos, fomos rendidos sem nenhuma chance de recuperação e eu fui o único poupado. Apesar de preso, eu não me rendia, queria a vingança a todo custo, mas as barreiras eram intransponíveis. Meu antigo companheiro tentava dominar meu mental, contudo sabia que não era possível, pois minha mente era semelhante à dele; nossos poderes se equiparavam, mas os dele eram superiores porque estavam alimentados pelo mal. Eu esbravejava e tentava livrar-me das mãos dos guardas; era inútil, aqueles homens pareciam ter forças de dez animais. Por fim, sucumbi e entreguei-me.

– Bem-vindo a esta aldeia, irmão, você estaria melhor se, eu o convidasse, mas pelo que vi você tentou me atacar... Ah, Ah, Ah, Ah...

– Maldito sejas tu. Depois de tudo que me fizeste, ainda tens coragem de chamar-me de irmão. Não me dirijas mais a palavra, fera dos infernos...

– Ora, não fale assim. Não o matei ainda porque tenho interesse de vê-lo vivo, ativo e pensante. Junte-se a mim e eu o pouparei!

– Isso nunca... jamais.

– Então está bem, tu escolheste. Prendam este idiota, amanhã decidirei o que fazer com ele... ah, ah, ah, ah...

– Dê-me a cabeça dele, – disse aquela mundana – eu a quero, vou juntá-la à de seu filho.

– Se assim desejas, minha princesa, amanhã a terás em um prato bem bonito. Vamos oferendar o sangue ao nosso deus. Faremos o melhor ritual dos últimos tempos, e nele eu te darei a cabeça de Marab-hô.

—— Capítulo VI ——

NAS ZONAS INFERIORES

Assim foi feito. No dia seguinte, fui sacrificado sem piedade em plena praça. Meu corpo foi dependurado sobre a pira, e minha cabeça foi ofertada à mulher, como foi prometido; ela conseguiu cumprir sua promessa de vingança. Ela ria e se deliciava, beijando minha boca morta; depois, colocou meu crânio junto de um feto.

Mas o que me chamou a atenção é que eu via tudo aquilo, sem perceber que já estava morto. Não vou narrar o resto do ritual, porque não acrescentará nada à nossa história. Tentei aos poucos me recordar do que havia ocorrido. Parti daquele lugar nojento, que naquele instante parecia estar cheio de vermes e era muito malcheiroso.

Sentei-me em um tronco, no meio de uma floresta próxima dali, a fim de me acalmar. Depois de descansar um pouco, comecei a relembrar todos os fatos ocorridos. Lembrei-me claramente de que, alguns segundos antes do executor descer sua faca pelo meu pescoço, dei um salto e corri, como que tentando fugir. Depois fiquei às margens da aldeia observando tudo. Mas como? O que estava acontecendo? Pensei que estivesse morto, mas ali estava eu, intacto, sem nenhum ferimento. Meu corpo permanecia como era em vida. Fiquei ali várias horas, procurando pelas respostas que pareciam se distanciar cada vez mais. Mas aí fui socorrido por Gabriel novamente.

"Vês à tua direita, bem ao fundo no horizonte, a fumaça de uma fogueira. Siga o rumo dela e lá encontrarás as respostas".

Mais uma vez obedeci à ordem de meu anjo sem titubear. Conhecia bem sua voz, e não me enganaria novamente. Levantei-me e segui rumo à fogueira. Caminhei por algumas horas e consegui ver de perto o que estava acontecendo. Era uma tribo singela e todos pareciam estar comemorando algum evento vitorioso, ou algo parecido, já que estavam sorridentes e felizes. Observei tudo com atenção, até que avistei um senhor que parecia estar ausente da festa, apesar de estar ao lado de seus amigos e parentes. Mas intrigou-me o fato de as pessoas passarem por ele e não perceberem que ele estava ali. Aproximei-me dele e o cumprimentei cordialmente.

– Boa noite, amigo!

O velho só olhou para mim e voltou sua atenção para a festa. Entendi que ele não queria conversa alguma. Mas as pessoas passavam por mim e não notavam a minha presença.

Nas Zonas Inferiores | 57

Tentei recordar-me das lições que aprendi na minha infância, mas nada me surgia.

– Agora somos espíritos, filho. Não percebeste ainda. Tu me pareces um ser inteligente. Por que buscas no passado por uma resposta que está neste mundo?

– Desculpe-me, senhor, mas acho que não estava preparado para tal fato. De onde vim não havia espíritos e eu não recebi nenhuma instrução sobre isto. Como poderia saber?

– Ahhhh, sim. Mas diga-me: de onde vieste?

– Não sei mais. Só sei que estou confuso.

– É natural. Ouvi seus pensamentos. Suas dúvidas são comuns por aqui, parece que ninguém estava preparado para a morte da carne, mas é isto que o Pai Maior nos reservou neste planeta de expiação e provas. A carne fica, o espírito evolui e retorna à nova carne até que todos os erros, falhas e pecados sejam corrigidos. Essa é a nova lei. Assim o Pai quer e assim será cumprido.

– Por isso as pessoas não nos vêem?

– Exatamente.

– Mas o que faz o senhor aqui, já que és tão sábio?

– Fui o chefe desta aldeia por muito tempo. Agora, por ordem das esferas superiores, devo conduzir meu rebanho no lado espiritual. Não sou mais chefe, sou guardião agora.

– Mas como isso é possível?

– Tenho poderes especiais, conferidos a mim para vigiar a aldeia e afugentar espíritos maus que porventura se aventurarem por estas bandas; além do mais tenho meus auxiliares, que já o avistaram há muito tempo e vieram avisar-me. Sua chegada até aqui só foi permitida porque um anjo me ordenou, se não já teria sido expulso.

– Quer dizer que ouviste Gabriel também?

– Não. Gabriel, não, mas algum de seus enviados. Onde já se viu Gabriel descer a tal ponto só para dar-me o recado de tua presença?

– Ora, mas foi ele que me orientou para vir aqui!

– Ah, ah, ah...Deixa tua loucura de lado e segue teu rumo. Já sabes que estás morto e que agora não passas de um espírito pagão, e se não te conscientizares disto irás passar o resto de teus milhares de anos vagando pela terra sem saber aonde ir. Percebo pela tua aura que não és qualquer um. Tens um grande destino pela frente, mas deves dar ouvidos ao que realmente interessa, senão cairás mais ainda.

Agradeci àquele velho homem e parti dali ainda confuso.

Por que não fui orientado sobre o espírito?

"Tu foste orientado, mas não aprendeste corretamente a lição. Mas no tempo certo, eu passaria para você todas as diretrizes. Porém, em vez de me ouvir, buscaste uma vingança inútil e, por causa dela, morreste antes do tempo".

– Como assim? Eu não recebi orientação nenhuma!

Permanecemos ali por longo tempo debatendo sobre a morte e a espiritualidade e acerca de nossa missão. Foi então que recordei as palavras de Gabriel, logo após o cataclismo que se abateu sobre a Terra. Luci-yê-fer-yê era o demiurgo de Deus e foi enviado por ele somente para combater o mal das esferas inferiores, mas, em vez disso, ele caiu junto com todos os outros.

Entretanto, quando o anjo se foi, meus ímpetos de vingança retornaram. Agora eu sabia de minha condição. Estava desolado. Regressei à minha aldeia e caminhei por toda ela. Por que tudo isso? Só porque eu não quis me render aos prazeres efêmeros de uma mulher desequilibrada e inútil? Quanta desgraça. Aquilo não poderia ficar assim. Eu não conseguia perdoar; não obstante todas as orientações que recebi, o ódio tomou conta de mim. Algo deveria ser feito. Voltei para a aldeia de Luci-yê-fer-yê e fiquei tramando uma maneira de me vingar. As festas imundas continuavam dia após dia. Injustiças eram cometidas todos os dias. De todos os lugares, vinham corpos e mais corpos. Pedi perdão ao Pai porque decidi pôr um fim a tudo aquilo. Esta era a minha vingança. Mas como? Então lembrei-me daquele homem infeliz de minha aldeia, que eu consegui fazê-lo ficar demente. Postei-me à beira da mata que cercava a aldeia e aguardei a hora de experimentar meus poderes. Durante dias e dias, fiquei ali, na espreita. Eu não sentia fome ou sede. Percebi que cada dia que passava a atmosfera em meu redor ficava cada vez mais escura, mas eu já não me importava com mais nada.

– Tuas instruções já foram dadas, meu jovem. Obedece -as e poderás vencer! disse-me o velho da aldeia em festa.

– Compreendo tuas palavras, senhor...

– Tatab, Marab-hô...,Tatab!

– Como sabes o meu nome?

– Conheço-te há muito tempo, tu e ao teu irmão.

– Não fales assim, aquele demônio não é mais meu irmão!

– Sei o que sentes por ele, mas deves esquecer tudo. Não desperdices teu tempo com vinganças inúteis, não te levarão a nada. Ouve-me.

– Não consigo suprimir meus sentimentos de culpa. Como eu, muitos outros foram inutilmente mortos, às custas de uma simples vaidade. Por que deveria calar-me e perdoar tais atos?

– Teus irmãos de aldeia estão bem, todos foram recolhidos, e não correm riscos, não te preocupes com eles. Logo todos estarão de volta à carne e seguirão a escalada da evolução, esta é a vontade do Pai.

– Mas essa insanidade não pode continuar...

– Luci-yê-fer-yê pagará o preço justo por seus atos. Quanto a ti, nada fizeste para merecer o infortúnio da morte, portanto tens outras missões a cumprir. Deixa de lado essa vingança, senão perecerás nas sombras por longos milênios.

– Eu não me importo. Já pedi perdão ao Pai, mas não consigo esquecer que crescemos juntos e, depois de tudo, ele me trai, como se eu fosse seu pior inimigo.

– E, por conta disso, tu trairás o Pai?

– Não creio que seja traição, mas devoção. Se Luci-yê-fer-yê cair, caio junto, mas não deixarei isso ficar assim.

– Então nada mais posso fazer. Como guardião sei que és tão poderoso quanto eu e sei também que tua mente é tão poderosa quanto a dele. Lembre-se disso, pois irás

NAS ZONAS INFERIORES | 61

precisar no lugar destinado às almas como a tua... Até logo, Marab-hô.

– Não sou mais Marab-hô, não quero envolver o nome honroso de meu pai nesta injustiça toda.

– Não sei o que farás. Tudo o que podia te dizer eu disse. Até logo.

Fiquei um longo período observando tudo e meditando muito. Percebi as armas sutis de meu ex-irmão. As ondas vibratórias que saíam de seu mental eram muito poderosas e abrangentes. Tudo ele via e ouvia, mas não podia me ouvir. Eu era um espírito e armei-me de um escudo para não ser atingido por aquelas ondas. Vaguei pela floresta. Recordei-me das lições de magia que aprendi ainda criança, então decidi testar meus poderes. Primeiro sequei uma árvore, tirando dela toda a essência vegetal; depois descarreguei tudo o que recolhi em uma serpente e ela explodiu. Notei a presença de alguém que caminhava pela floresta. Era um dos homens de Luci-yê-fer-yê. O pobre estava totalmente nu e seu membro estava vergonhosamente ereto. Avancei contra ele e impus minha destra em sua cabeça, tirei dele tudo o que restava de inteligência, deixando-o totalmente demente. Apossei-me de seu corpo e decepei seu membro. Fiz o idiota sair correndo pela aldeia com o tal membro na mão. Fiquei pasmo com meu poder sobre as mentes humanas. Foi assim que tramei minha vingança. Eu cairia, mas não iria sozinho. Logicamente não fiz o mesmo com todos os homens; meu objetivo era deixar todos os que se aproximassem ou cruzassem meu caminho dementes e imprestáveis. Sugaria deles todo o conhecimento, de forma que não restasse nada de lúcido, depois os liberaria.

Coloquei meu plano em ação. Quanto mais homens eu vitimava, mais eu caía, sem me dar conta da queda, até que não havia mais nenhum resquício de luz. Estava já em um vale escuro e sombrio, onde encontrei muitos outros espíritos perdidos. Todos gemiam e choravam. Realizei parte de meu intento. Eu já não me importava com as trevas, nem com a luz, nem com voz nenhuma. Tudo em mim era ódio e rancor. Nada eu temia, por isso me julgava superior a todos que ali estavam. Relembrei-me de mais algumas lições e percebi que minha consciência estava repleta da inteligência de todos os que eu esgotei. Posicionei-me no alto de uma grande rocha no meio da escuridão e irradiei minhas ondas vibratórias. Em instantes, dominei a todos. Agora todo um exército de espíritos maus e desregrados estava sob meus pés. Pensei em um novo nome, que daquele momento em diante passou a ser Marabô, o rei das trevas da ignorância humana. Sob minhas ordens, meus homens construíram um portal mágico negativo nas entradas das florestas e matas que havia em todo o mundo, principalmente as que cercavam a aldeia do demiurgo caído, como passei a denominá-lo. Qualquer dos seus homens que pelo portal avançasse sería aprisionado e esgotado até a total demência. E, depois de morrerem, eu os aprisionava em meu reino nas trevas. Já não havia mais para onde cair, mas eu não me importava; quando via a preocupação do demiurgo, deleitava-me e gargalhava.

Luci-yê-fer-yê foi pessoalmente até a floresta verificar o que estava acontecendo, pois suas ondas mentais não identificavam a causa. Meus sete porteiros avisaram-me logo e eu mesmo fui ao encontro dele. Quando o avistei, materializei-me; eu tinha esse poder também, mas não usava, não queria assustar meus homens.

– Ora vejam só, então és tu Marab que estás causando tantas baixas em meu exército.

– Sim, eu mesmo, só que não me chamo mais Marab.

– E qual é teu nome então?

– Marabô, o rei das trevas da ignorância humana.

– Estás sem cor, irmão, o que houve?

– Não me chames mais de irmão. Quero que saibas de uma coisa. Tua vida não é eterna, um dia tu morrerás e então descerás para o inferno, o mesmo em que caí. Então peça ao Pai para não transpassar os limites de meu território, porque nesse dia acertaremos nossas contas.

– Como assim? Quem pensas que és para afirmar tais coisas? Por acaso não conheces meus poderes?

– Conheço muito bem todos os teus poderes e sei também que nada fiz para receber a traição que intentaste contra mim. Tudo o que eu queria era prosperar e ser feliz junto de minha gente. Sei também que o Senhor da Vida nos concedeu tais poderes para podermos conduzir o povo caído para a Sua gloriosa aura celeste. Mas tu caíste nas garras da vaidade e da luxúria. Se não percebeste, tu estás na carne e a carne não é eterna. Um dia deixarás esse infame corpo e sentirás o peso de tua consciência a julgar todos os teus erros, falhas e pecados; que esse dia seja o pior de todos os teus dias, desde nossa saudosa infância até o final dos milênios, que estão por vir, pois nesse dia minha vingança será completa.

– Pobre homem. – disse Jiraí, a mulher mundana. – Mesmo após a morte continuas com o mesmo corpo que um dia desejei. Por que não me possuis agora? Quem sabe meu príncipe tenha compaixão de ti?

– Não te aproximes de mim, meretriz nojenta. Eu não terei a menor compaixão de ti.

Jiraí não me obedeceu. Ela atravessou o portal que nos separava. Eu a suguei com todas as minhas forças. Nada restou dela, a não ser o corpo inútil e podre. Joguei tudo o que suguei no rio ao lado do portal e fiz com que ela saísse de meu ponto.

– Leve de volta esta mundana, agora ela está purificada de toda a imundície que havia nela. Veja se consegue fazer alguma coisa... Ah, Ah, Ah, Ah, Ah!

– Tu te arrependerás disto, eu voltarei...

– Volte sempre, mas não deixe nenhum de seus homens imbecis cruzarem meu ponto, senão, de hoje em diante, morrerão... Ah, Ah, Ah, Ah, Ah!

Vi o demiurgo caído retirar-se rapidamente, puxando pela mão a amante demente e fraca. Gargalhei demoradamente e voltei ao meu reino nas trevas.

De repente, senti uma tristeza profunda. Sabia que tudo estava errado. Nada fazia sentido, mas eu tinha de continuar minha tarefa. Dúvidas surgiam. Eu caí, porém por quanto tempo eu ficaria ali? Quando será que veria meus entes queridos novamente? Por que eu me deixei levar por tanta mesquinhez? Já que eu podia tanto, bastava para mim dementar a tal Jiraí, mas não, eu queria mais e mais. Chorei compulsivamente. Eu fracassei perante a vontade do Pai. Minha missão fora um completo fracasso. O que fazer? Tantas horas permaneci ali chorando, até que uma luz intensa surgiu no alto de minha cabeça. Era Gabriel novamente que me socorria.

— Não mereço a alegria de tua visita neste lugar imundo, amigo Gabriel.

— Não digas isso. Sou teu protetor e nunca me afastarei de ti. Essa foi a promessa que fiz ao Pai e a cumprirei onde quer que tu vás. Sinto que estás cansado e arrependido de tudo o que fizeste, não é mesmo?

— Sim, anjo querido, mas o que fazer?

— Deves arrepender-te e buscar o trabalho, pois até mesmo aqui é uma morada do Pai e Ele precisará de servidores aqui também.

— Mas o que posso fazer? Tudo que tenho aqui é um monte de dementes inúteis.

— Ora, ora... Até que enfim percebeste o grau de tuas vinganças. Mas ainda podes recuperá-los.

— Como?

— Vê, se tu conseguiste extrair deles todas as lembranças e memórias negativas, podes também inserir novos e salutares ensinamentos, este é o teu poder. Todos eles são espíritos fadados à evolução, pois são humanos, e, portanto, como servidor do Pai, podes começar por recuperar essas mentes, ora inúteis, à evolução e ascensão ao bem e ao amor do Pai Maior.

– De que forma?

– Ora, estão todos dementes. Basta conscientizá-los e reencaminhá-los à encarnação novamente. A Terra crescerá, tudo mudará. Há muitos lugares para serem habitados. Faze deles seres humanos capacitados para a obra divina. Só isto.

– Quer dizer que os espíritos poderão renascer e recomeçar tudo novamente?

– Sim. Já expliquei tudo isto a vós, quando aqui vieram, mas existe todo um plano de evolução da vida na carne, até que todo o mal seja expurgado, então a ascensão será completa. Foi para isto que vós aqui ficastes. Não sei se percebeste, mas teu fracasso não foi tão grande assim. Esquece a vingança e trabalha.

– Auxiliarei a todos que aqui estão, podes contar com isso. Mas a vingança não, enquanto eu não vir aquele crápula no mais profundo dos infernos eu não sairei daqui.

– Bem, a vontade é tua. Nada mais posso fazer. Trabalha e terás o justo julgamento no final, isto eu garanto, pois jamais te abandonarei.

Depois desse diálogo com Gabriel, fiquei ainda um longo tempo na escuridão, indo daqui para ali, buscando os meios de reconduzir aquele bando de idiotas, que a cada dia aumentava mais, ao reencarne. Conheci toda a vastidão escura. Longos abismos sombrios e aparentemente desertos aguardavam a presença de alguém para se apossar deles, e em todos eles havia seres carentes de orientação e rumos para suas almas cansadas e infelizes. Foi assim que percebi a extensão das palavras de Gabriel. Muito havia para ser feito. E eu me pus a trabalhar.

—— Capítulo VIII ——

O APRENDIZADO

Depois de muitos anos nas trevas, colhendo anotações para estudos e observando com atenção todos os pontos por onde passava, fiquei confuso. Não sabia por onde começar. É certo que em meu ponto as coisas já não estavam tão ruins, mas, em meio a toda vastidão sombria, as coisas se complicavam um pouco. Era um mundo totalmente sombrio. Gritos horripilantes eram ouvidos por todos os lugares, principalmente aos meus ouvidos, que pareciam ser treinados para ouvir coisas que os outros não escutavam, o que às vezes me levava a ponto de loucura. Viam-se também alguns mais lúcidos tentando socorrer outros mais atormentados, seres disformes tentando dominar exércitos, acreditando que eram superiores; porém, ali, naquele reino desvalido, o único mais equilibrado era eu; e, assim, usava meus poderes para dominar alguns e conduzi-los para meu ponto, outros eu simplesmente aprisionava, sem saber o que fazer. Por isso minhas dúvidas. O trabalho era muito, e as ferramentas eram raras. O que fazer? Como avaliar cada um? Que destino estaria reservado àqueles infelizes? Por que eu ouvia o grito de alguns e de outros não? Sabia do sofrimento de todos, mas não conseguia agir com segurança. Tomado pela compaixão, esqueci-me completamente de minha antiga vingança, meu único desejo era o de auxiliar aquelas criaturas esquecidas nas trevas. Mas como? Claro, eu tinha as diretrizes, sabia como usar meus poderes, entretanto, em alguns casos, não funcionava corretamente.

Depois de reler várias vezes meus escritos, continuei estagnado. Algo deveria ser feito. Recorri ao meu divino protetor, lembrei-me de sua promessa e passei a orar insistentemente até que fui atendido.

— Que desejas, filho?

— Elucidações, querido amigo!

— Para quê? Percebeste agora o buraco que cavaste?

— Perdoa-me, Gabriel, fiz o que fiz porque não concordo com injustiças. Minha ignorância com relação às leis me deixou cego. Mas agora meu único objetivo é auxiliar esses irmãos caídos neste mundo podre e trevoso.

— Esqueceste tua vingança?

— Sim, em parte. Não me importo mais com isso, pois sei que um dia acertaremos nossas contas. Depois de vasculhar toda esta vastidão, não encontrei nenhum dos irmãos de minha tribo, por isso deduzi que todos estavam bem. Que o Pai Maior tenha piedade de mim. Ajuda-me a conhecer os mecanismos de socorro para eu poder trabalhar e resgatar minha dignidade.

– Orgulho-me de teus sentimentos, fica sabendo que teu Mentor direto ouviu todos os teus clamores e, a pedido dele, vou orientar-te.

– Estou ansioso para aprender...

– Calma, Marab...

– Por favor, chama-me de Marabô!

– Está bem, então começa por aprender as leis universais que regem o Universo e sua evolução. Depois aprende a ter discernimento para socorrer os que merecem primeiro. Munido dessa responsabilidade poderás auxiliar a todos com pleno êxito.

– Onde é que encontro matérias para estudo sobre essas tais leis?

– Calma, tudo tem seu tempo devido. Aprende a utilizar primeiro o dom que cavaste por conta de tua queda, este é o dom da vitalização...

– Vitalização?

– Sim. Entende que o que tu fazes com as mentes das pessoas é desvitalizar coisas ruins e depois vitalizá-las novamente com novos e bons conhecimentos, fazendo-as evoluir e transformar-se, podendo então sair deste reino e continuar a evolução na carne. Este é um dos aspectos da lei. Utiliza este dom com frequência, ensine teus alunos a utilizá-los e vivifica a paz em teu interior. Logo descobrirás outros valiosos dons e mecanismos que serão necessários no porvir.

– Mas, Gabriel, responde-me ainda: por que alguns gemidos eu ouço e outros não?

– Os gemidos que consegues ouvir são de seres que já estão merecendo teu socorro e pertencem ao teu mistério; os outros, a lei ainda não liberou. Logo conseguirás distinguir e ouvir os gemidos e pedidos de todos, pois estarás apto a representar a lei aqui no embaixo.

– Quer dizer que outros reinos se formarão e em cada um será assentado um novo mistério?

– Exatamente.

– Fico grato por tuas elucidações valiosas. Deixo a ti minha promessa de empenho máximo, a fim de aprender sobre todos os mecanismos da lei, e espero contar contigo outras vezes.

– Se continuares agindo assim, com o coração puro, não será mais necessário evocar-me, pois contigo sempre estarei. Além do mais, outros grandes espíritos estão te avaliando, mesmo aqui no reino das trevas. Até logo... Marabô... até que é um bom nome...

A partir daquele dia, ou noite, passei a estudar melhor meu dom de vitalização e desvitalização. Descobri que não era um dom, mas sim um poder, e que eu não precisaria estar junto ao alvo para utilizá-lo. Percebi que esse poder era também vitalizado por alguma outra fonte, que eu não sabia de onde vinha, pois eu via as ondas, mas não conseguia chegar à fonte delas; porém, elas não me incomodavam, porque eram salutares. Se eu utilizava com sabedoria, era vitalizado; do contrário, algo acontecia que não permitia meu acesso ao ser ou à criatura que queria atingir. Aprendi a utilizar os laços e ligá-los à minha tela astral, que vibrava no meu mental, fazendo com que todas as criaturas e seres vivos, ativos e pensantes, pertencentes ao meu mistério, se ligassem a mim automaticamente. Estabeleci meus domínios e fundei meu reino nas trevas. Não era mais um reino de terror, mas de evolução. Eu era um servidor da Lei do Pai Maior nas trevas. Meus conhecimentos foram se expandindo naturalmente, sem que eu precisasse me esforçar muito. Mas de onde vinham tantas e tantas informações? Eu simplesmente trabalhava. Perdi até a noção do tempo e do espaço. Meus afazeres nas trevas eram tantos que não havia mais tempo para estudos, mesmo assim eu os tinha, mas como? Novamente as dúvidas pululavam em minha mente, entretanto, eu continuava trabalhando para manter meus domínios sempre ativos e limpos.

Abri vários departamentos em meu ponto, que, embora parecesse sombrio e cheio de labirintos, era limpo e organizado. Celas para os que mereciam e leitos para os socorridos. Alimentos fluídicos eram guardados em salas especiais e ministrados por pessoas especificamente treinadas para a função. Muitos dos que recolhi nas trevas, eduquei e os ensinei a trabalhar, portanto eu tinha um exército de trabalhadores espalhados pelo meu domínio. Todos estavam ligados a mim, através de minha tela. Mas de onde veio tanto conhecimento? Esta pergunta era constante. Sem saber, eu já conhecia a lei em todos os seus aspectos e já sabia julgar, se necessário, este ou aquele caso. Mas era estranho. Se eu vasculhasse todos os meus escritos, não encontraria tantas informações. Comecei então a escrever um novo livro, com tudo o que estava sendo passado, mas de onde? As ondas que me atingiam não cessavam sua ação nunca. Percebi que estava atado em outra tela, mas qual era?

"Nobres dúvidas, Marabô. Quer mesmo saber de onde vem tudo isto?", falou uma voz que não era a de Gabriel.

– Sim, claro. Mas quem é o senhor?

"Não poderás me ver nunca, mas fica sabendo que se assentaste um reino nas trevas, foi com a autorização de nosso Mestre-Mor, que é a lei no embaixo e à esquerda do Sagrado Setenário. Tudo o que há na lei está n'Ele e, enquanto estiveres aqui no embaixo, estarás ligado à tela d'Ele, a lei estará em ti também.

– Agradeço o nobre alvitre, mas gostaria de saber seu nome, para anotar em meu novo livro...

"Sou um Guardião de Mehor-ye, que me enviou para orientá-lo. Não tenho forma, por isso não poderás me ver; não tenho nome, porque sou um encantado; nunca encarnei e, se agora estou falando-te, faço-o com o auxílio de outra entidade que pode ouvir meus pensamentos e traduzi-los, portanto o que estás ouvindo são pensamentos guiados por outra entidade ao teu lado".

Percebi a presença de Gabriel, que canalizava o diálogo entre mim e o Guardião. Notei que o cordão que me ligava ao desconhecido se fez mais forte e visível aos meus olhos. Todos os símbolos de meu peito rebrilharam de forma espetacular e, em cada um deles, um novo cordão foi instalado.

"Olhe com mais atenção para o cordão que nos une Marabô".

Refinei meu sentido da visão e segui o cordão até a sua origem; percebi que a mesma estava em outra dimensão, inacessível a mim. Nela um mental poderoso o alimentava e na entidade outro cordão espesso e brilhante ligava-se ao alto e do alto; outro cordão ligava-se a Gabriel e deste até meu mental, pela direita, formando um anel brilhante e poderoso, como se fosse uma aliança.

"O que vês é realmente uma aliança entre ti e o Pai Maior, que tinha outros planos para tua evolução, mas já que aqui estás, inaugurou-se o reino do embaixo, a que chamaremos de Reino de Exu* a partir de hoje. Há uma missão importante a ser realizada por ti na crosta terrestre; depois dela, se fores bem-sucedido, serás nomeado Exu e, se novamente te saíres bem, alcançarás o merecimento de nova encarnação e ascensão a outras esferas da evolução. Tu, Marabô, aceitas esta missão?".

– Aceito com prazer. Tudo o que desejo é trabalho, qualquer um que me dê ensejo de esquecer meus erros e falhas.

"Então recebe de Gabriel as diretrizes de tua missão, depois a cumpra, esta é a ordem. Até a próxima".

Despedi-me do encantado e perguntei a Gabriel:

– Diga-me, anjo amigo, o que devo fazer?

– Luci-yê-fer-yê está buscando um elixir para não morrer; além do mais, seu reino de luxúria e terror está se expandindo cada vez mais. Tens a missão de frear os atos insanos dele e anular a inteligência dos cientistas que se atreverem a buscar a tal fórmula da vida eterna.

---

* NE.: Sugerimos a leitura de *Livro de Exu – O Mistério Revelado*, de Rubens Saraceni, Madras Editora.

– Se esta é a ordem, assim será cumprida, em nome da lei e do Pai Maior.

Preparei-me para a missão que julgava ser de suma importância para a evolução do ser humano na Terra. Afinal, se meu antigo companheiro continuasse agindo daquela maneira, iria prejudicar muitos e muitos seres com sua insanidade e seu desequilíbrio. Andei pela escuridão sem destino. Muitos dias eu caminhei sem chegar a lugar algum, até que resolvi descansar um pouco. Quando me sentei, surgiu ao meu lado um senhor sorridente e divertido, que se apresentou dizendo:

– Ah, Ah, Ah, Ah... Cansaste, irmão? Não aprendeste a volitar ainda? Com tanta evolução e licenciatura já deverias saber... Ah, Ah, Ah, Ah!

– Realmente eu não sei do que estás falando, nobre senhor. Posso saber seu nome?

– Meu nome é Calab. Sou instrutor enviado por Gabriel para ajudar-te em tua missão. Permite que te acompanhe.

– Será um prazer tê-lo como amigo. Mas do que se trata esse mecanismo de volitar?

– Trata-se do teu pensamento, irmão Marabô. Firma teus pensamentos em teu destino e já estarás lá. Só isto.

– Eu não sei qual é o meu destino. Nem ao menos sei que rumo tomar.

– Isso é outro caso...

O velho Calab instruiu-me corretamente e partimos em viagem experimental. Fiquei impressionado com a rapidez com que chegamos ao nosso destino. Depois buscamos Luci-yê-fer-yê. As nossas referências foram as ondas vibratórias intensas emanadas pelo mental sujo dele e as formas – pensamento exaladas pelos seus escravos. Em segundos, atingimos nosso objetivo. Nunca vi tanta podridão. Meu antigo irmão estava realmente velho, porém não menos viril. Todos os seus atos eram voltados para a morte sem escrúpulos. Jiraí, a mulher que dementei, embora velha, ainda se encontrava ao lado dele. Outra estátua bestial foi instalada na praça. Tudo estava modificado, mas a sujeira era a mesma. As ondas mentais de Luci-yê-fer-yê eram poderosas para os seus súditos e escravos, que se deliciavam ao alimentar-se dos alimentos saqueados de outras cidades. Sem pensar muito, coloquei-me em ação. Primeiro anulei as ondas vibratórias do líder, depois irradiei as minhas, dominando a todos e provocando uma imensa revolta geral. Claro que durou muitos dias para conseguir tal intento. Evoquei meus soldados, os quais eu conduzi por um cordão ligado a mim. Depois de tudo reunido e com Luci-yê-fer-yê dominado e anulado, sem saber que estava sem seu reino, passei a perseguir os cientistas, que nos dias atuais chamam-se de alquimistas, anulando e desvitalizando os seus conhecimentos; levei alguns à demência e outros a desistirem de suas experiências inúteis e a fugirem. Até que surgiu um vagabundo que se dizia cientista. Verifiquei seu mental e observei que ele não passava de um salafrário em busca de riqueza e fama. Depois de ver que ele não sabia de nada, deixei que agisse livremente, pois o líquido que trazia guardado em seu alforje era nada mais que um suco de ervas que jamais traria a juventude de volta. Quando vi que minha missão estava cumprida, deleguei algumas tarefas aos meus guardiões e retirei-me do lugar, depois de limpá-lo, é claro.

Retornei com Calab ao meu ponto. Conversamos alegremente. Minha consciência estava tranquila e leve. Calab então me perguntou:

– E tua vingança, amigo Marabô, esqueceste? Ou será que nem te deste conta do que fizeste?

– Juro ao senhor que nem pensei nisso. Tudo o que fiz, fiz apenas para levar minha tarefa a termo.

– Muito bem, amigo. Receberás uma grande recompensa pelo êxito de tua tarefa, agora só nos resta aguardar novas ordens.

– Enquanto aguardamos, é melhor nos colocarmos ao trabalho novamente, não é mesmo?

– Sim, mas tu trabalhas aqui. Eu vou para o lugar de onde vim, até logo.

– Até logo, irmão Calab, volte sempre que quiser.

– Voltarei em breve!

Retomei meu trono nas trevas e os escritos de meu livro, inserindo nele os ensinamentos de Calab e a experiência com a missão. Depois volitei pelo meu reino, passando despercebido pelos meus escravos e trabalhadores. Tudo eu vigiava e tudo eu via, assim controlei melhor meu reino e todos os espíritos nele alojados. Recebi nova visita de Calab, desta vez com uma mensagem. Gabriel veio com ele.

– Seja bem-vindo, Calab, tu também, Gabriel!

– Obrigado pelas boas-vindas. Minha missão aqui é a de trazer esta mensagem para ti. Recebe em mãos com o testemunho de Gabriel.

O Aprendizado

Recebi das mãos de Calab um pergaminho e o desenrolei na frente dos amigos, lendo-o com atenção. Tratava-se de uma convocação. Eu deveria comparecer em um lugar chamado Oriente Luminoso, a fim de reunir-me com outras entidades e lideranças de esferas superiores em sete dias. Agradeci o recebimento e perguntei:

– Do que trataremos nessa reunião, Gabriel?

– De tua nomeação, só isto. Prepara-te. Deixarei Calab aqui para instruir-te. Se quiseres, podes ir até outro lugar menos denso, creio que será melhor.

– Sim, iremos, assim o amigo Calab não terá de se esforçar tanto para se manter na crosta.

– Agradeço a compreensão, Marabô – disse Calab.

Gabriel partiu. Eu e Calab nos dirigimos à crosta, em uma mata próxima, e ali permanecemos. Calab deu-me várias instruções a respeito de minha vestimenta e de como plasmar minhas armas, quais eram os símbolos sagrados e quais eu deveria escolher. Fomos em viagem rápida até uma grande biblioteca, que passei a frequentar constantemente; nela escolhemos vários livros, que li com muita atenção. Aprendi a plasmar minha imagem, que até então era a de um ser escuro e sem vida. Passei a ter outra cor, plasmei minha vestimenta de folhas e uma longa capa, negra por fora e verde por dentro. A capa é necessária no embaixo para evitar ataques de larvas e outros seres que querem se aproveitar de organismos sadios. Tudo isso eu aprendi com Calab e muito mais com os livros que li.

Até que chegou o dia aprazado...

—— Capítulo VIII ——

A NOMEAÇÃO

Depois de instruir meus guardiões, partimos rumo ao Oriente Luminoso. A alvorada já anunciava a chegada do sol, que se apresentava de forma ímpar naquele dia. Calab e eu falamos muito pouco, detivemo-nos apenas em vislumbrar as paisagens, aproveitando nossa viagem para relembrar os momentos maravilhosos de nossa passagem pela Terra.

Logo chegamos ao local. Ao notar que eu estava ansioso, Calab conduziu-me a uma grande biblioteca, da qual passei a me servir de forma constante. Os livros eram tantos que eu não sabia por onde começar, mas isso ajudou a passar o tempo. Um livro em especial chamou-me a atenção, então eu me acomodei em uma grande e confortável cadeira e o li com grande interesse, entretanto tive a impressão de que já o tinha lido; de qualquer forma, não consegui evitar o impulso de estudá-lo novamente. Muito tempo se passou sem que eu percebesse, então Calab despertou-me da longa viagem que fiz através do livro e fomos até um grande salão. Depois de sermos devidamente identificados, adentramos no recinto. Havia muitos lugares ao redor de uma espécie de arena, que era feita de uma pedra clara, lisa e brilhante. No centro, uma cadeira cravejada de brilhantes de todos os tipos; na primeira fila de cadeiras, havia 21 entidades, em silêncio, observando-me. Cada uma trazia um símbolo, e todas eram coroadas e adornadas com vestes de todas as cores; dentre elas, uma eu reconheci: Gabriel, meu anjo amigo. Queria satisfazer minha curiosidade, mas percebi pelo silêncio geral que não era o momento mais oportuno. Decidi então calar meus pensamentos e aguardar. Baixei a cabeça e fiquei em posição de espera.

Sem nenhum motivo aparente, todos se levantaram e eu acompanhei o movimento respeitosamente. Cada uma das entidades presentes levantou seu símbolo ao alto, apontando para a cúpula do salão, que começou a reluzir de forma intensa, abrindo um vórtice multidimensional logo acima de minha cabeça. Ajoelhei-me por força alheia, ainda de cabeça baixa. Lentamente, outra entidade adentrou o salão, portando na destra um enorme cajado, cravejado de rubis e safiras. Suas mãos, eu pude ver, eram cadavéricas, mas não me causavam espanto, apenas uma sensação de paz e calma tomou conta de mim. Quanto mais a divindade se aproximava, mais eu me sentia melhor. Notei que, conforme aquele mestre passava por um dos presentes, abaixava seu símbolo e se prostrava, tamanho era o poder que da entidade emanava. Todos já estavam ajoelhados, mas o vórtice permaneceu aberto sobre minha cabeça, até que aquela divindade chegou diante de mim. Um grande manto lhe cobria o corpo e um capuz, a face. Ela dirigiu-se a um dos presentes e o convocou para junto de nós no centro do salão. Era o Senhor das esmeraldas, o qual eu reconheci imediatamente; depois convocou Gabriel e, logo em seguida, uma senhora juntou-se a nós também. Depois de se sentar na enorme cadeira, apoiado em seu cajado, irradiou com a destra sobre a coroa de Gabriel, que começou a falar:

— Filhos amados, falo pela boca deste anjo, pois nossa linguagem cristalina é pouco compreensível aos ouvidos dos que aqui estão presentes, mas é necessário que ouçam com atenção, por isso escolhi Gabriel como meu fiel tradutor. Há muitos e muitos anos, uma grande guerra se iniciou, com a instalação do dualismo entre vocês. Tal mecanismo era necessário para que os povos que aqui aportaram pudessem vivenciar as provações e expiações, pondo fim a uma grande era da Terra. Desse tempo, restaram apenas ruína e destruição e alguns dos que aqui estão se lembram dos seus antepassados com carinho. Nós, os mestres da luz, que renunciamos a tudo e estamos a serviço do Pai em outras esferas, necessitamos de armas fiéis para nos apoiarem aqui no embaixo e combaterem com verdadeiro heroísmo as viciações terrenas e todas as demais sujeiras que vieram com os povos pagãos. Desde o fim da era dos cristais, numerosos exércitos pereceram e muitos outros irmãos, iniciados, magos e sábios, souberam semear o ponto de equilíbrio, eliminando o mal e cravejando o bem. Agora só nos resta lutar pela vitória da raça humana que habita a

Terra nos dias de hoje. Mas, para lutar, temos de ter armas e soldados. Esta é a razão de minha presença aqui. Eu vim para nomear este filho como um soldado oficial da lei, que combaterá, nas trevas da ignorância, o desequilíbrio, a maldade, o perjúrio e todas as demais depravações ao seu alcance, encaminhando os que merecerem aos seus lugares de ascensão ou de queda, julgando o que for melhor para cada um dos que caírem em seu reino. Então, diante do exposto, eu te pergunto, filho: aceitas esta missão?

– Sim, aceito. Respondi timidamente.

– Fala alto e claro, pois todos aqui devem ouvir o teu juramento sagrado perante a Lei e o Pai Maior, porque, se vieres a falhar, sofrerás o julgo justo de cada um dos que aqui estão presentes.

– Sim, aceito esta missão de todo o meu coração, com todas as minhas forças e com todo o meu entendimento – repeti, mas dessa vez com todo o ar de meu peito.

– Muito bem, então repete comigo estas palavras sagradas...

Após repetir as palavras consagratórias, que, por motivos óbvios, não posso narrar, recebi de suas mãos divinas um grande cajado com todos os símbolos. Das mãos da entidade da esmeralda, recebi minha espada; de minha amada Mãe, recebi seu símbolo, que representa até hoje a aliança fiel do pacto feito naquela noite inesquecível. Ganhei presentes de todas as entidades, que me congratularam pela coragem de assumir meu ponto nas trevas para lutar por causas tão nobres em nome da Lei e do Pai Maior.

A Nomeação | 85

Confesso que me retirei de lá um pouco amedrontado e preocupado, pois o peso das responsabilidades assumidas começara a incidir sobre minha consciência. Queria estudar e aprender mais, mas tudo o que pude fazer foi retornar ao meu ponto e meditar. Logo me lembrei do livro que começara a ler e senti a necessidade de retornar ao grande Oriente a fim de localizá-lo e terminar meus estudos. Calab veio logo me socorrer:

— O que te aflige, amigo Marabô?

— Estou meio preocupado e sem saber o que fazer. Preciso ampliar meus conhecimentos, percebo que, se não o fizer, perecerei diante das novas armas que surgem todos os dias por aqui.

— És um grande guardião, Marabô, não há o que temer, mas se queres o livro, posso providenciar.

— Se puderes, eu quero sim, creio que será de suma importância.

— Mas do que se trata o livro amigo?

— Justamente da era a qual nos falou o Divino Omulu -yê, quando de minha nomeação. Coincidência ou não, eu o peguei logo para ler. Ele fala das armas que os iniciados usavam, das suas origens e de um tal de elixir. Creio que o depósito maldito ainda pode ser encontrado e, se alguém o fizer, poderá desenterrar uma turba de entidades malignas que afrontará a Terra de tal maneira que seria praticamente impossível controlar.

— Se é esta a razão, embora nobre, não há porque se preocupar, ninguém mais poderá rejuvenescer na carne, apenas em espírito isto é possível. Depois do grande cataclismo, o que restou da fórmula não é suficiente para elaborar o elixir; no mais, alguns dos componentes jamais serão encontrados, nenhum homem conseguirá completar a tal fórmula, pois esses materiais também jamais serão encontrados. Tu mesmo presenciaste a catástrofe que se passou naquele fatídico dia. Muitos povos foram extintos, o que era terra, agora é mar, e não é à toa que as profundezas dos oceanos são tão inacessíveis. Não te preocupes com isto.

– Sinto-me aliviado, mas mesmo assim desejo concluir a leitura do livro.

– Então aguarda meu retorno que eu o trarei.

Realmente fiquei aliviado com as elucidações de Calab, meu fiel amigo. Mas eu gostaria de saber de onde saiu tanto conhecimento de Calab.

Já despreocupado, retomei as atividades de meu posto. Organizei um salão de estudos, ao qual eu encaminhava os escravos mais aplicados ao aprendizado. Melhorei as prisões e comecei a estudar melhor a mente humana. Dia após dia, os caídos aumentavam, redobrando os trabalhos. Havia milhares de espíritos caídos que se alimentavam do ódio e das guerras que se espalhavam pela Terra de forma alarmante. Os morticínios incitados por essas forças eram muito comuns. Cultos a deuses de toda espécie proliferavam por todos os lados, principalmente aos deuses ditos fálicos. Muitas mulheres e crianças eram sacrificadas em nome desses deuses que jamais existiram; o que havia na realidade eram grandes forças das trevas, que tinham o poder de dominar as mentes dos menos avisados. Nós, os guardiões assentados, tínhamos o aval e as armas do alto. Saíamos constantemente em combate a essas forças tenebrosas. Após as lutas, trazíamos conosco muitos escravos, inclusive os líderes; então tudo era exterminado, pois utilizávamos nosso poder mental para influenciar os líderes dos povos a lutarem entre si, levando os cultos sangrentos ao extermínio. Eis a razão de muitos povos antigos terem se extinguido. Isso contribuiu para o aumento da zona negra nas trevas, onde ninguém penetra, nem com mil armas. Vários reis antigos permanecem nessas zonas até hoje, sendo massacrados pelos algozes que outrora sacrificaram. Isso é a Lei em ação, e Ela é implacável. Com esse trabalho, consegui aumentar meus domínios, por isso tive de organizar falanges com hierarquias próprias para não ser pego de surpresa, já que o crescimento e a evolução geram inveja e cobiça, ainda mais no embaixo. Como resultado, a maioria dos que capturei e reeduquei alcançou o mérito do reencarne. Uma nova chance, uma nova vida. Plasmei um cavalo negro para as excursões mais longas que fazia pelas trevas. Certa vez, encontrei em terras orientais um líquido de cheiro forte e de sabor ardente, que entorpecia os que abusavam da sua ingestão indevida, mas que era muito útil para a limpeza de larvas, que se alastravam de forma alarmante nas trevas. Então adquiri alguns potes e consegui com os irmãos do Oriente a receita para a produção do mesmo. Introduzi em meu reino, afinal era de grande utilidade. Eu mesmo não bebia, porém sempre usava nos doentes repletos de feridas purulentas, que cicatrizavam mais rapidamente e desprendiam as tão faladas larvas, que morriam, ou então se entorpeciam e acabavam pisoteadas. Mas muitos dos meus escravos se deleitavam ao beber e viviam procurando subterfúgios para conseguirem mais. Eu me limitava a ler seus mentais; se não havia nada errado, deixava, afinal quem iria se prejudicar eram eles mesmos.

Calab retornou com o livro e depois de longo diálogo nos despedimos novamente. Comecei imediatamente a releitura, pois o livro me trazia salutares recordações dos meus tempos de infância. Li sobre os magos, os sábios e os iniciados, suas lutas, seus templos, seus dons, seus poderes e sobre o tal elixir da juventude, cujo segredo, hoje sei, está guardado a sete chaves em lugares que a humanidade jamais alcançará.

Quanta saudade de minha infância, de meu velho pai, das aldeias e suas divindades, os quais sei que um dia veremos novamente, mas por hora só podemos sonhar.

Longos e pesados anos passei nas trevas da ignorância, que agora já não era a minha ignorância, mas a dos outros. Aprendi a negociar escravos e prisioneiros. Pois aqui e ali se formavam territórios e reinos dos mais variados mistérios. Guardiões formavam-se e cada dia eu recebia uma visita, às vezes prazerosa, outras vezes indesejada, mas nunca com confrontos diretos. Até que recebi nova visita de Calab:

– Vamos, Marabô, Gabriel convoca-o para uma reunião.

– Mas ele sempre foi bem-vindo aqui. Por que ele não vem até aqui?

– Os tempos são outros, irmão. As trevas estão mais densas, uma entidade de luz ofuscaria a todos por aqui. Acaso não percebeste?

– Sim, claro, como sou idiota! Vamos então.

Montei em meu cavalo e segui Calab até a saída de meu ponto, onde já se avistava a luz matutina. Fiquei do lado de dentro, enquanto Gabriel me dirigiu a palavra:

– Meu querido filho Marabô, como estás? Soube por meio de relatórios que estás fazendo um ótimo trabalho. Já encaminhamos vários irmãos para nova jornada na carne e formaste muitos outros guardiões. É realmente uma bela falange. Sinto-me orgulhoso de ti. Por isso estou aqui.

– Ora, anjo amigo, faço o que posso, mas não creio que tu me convocarias aqui somente para me fazer elogios!

– Vê-se que tua perspicácia é a mesma. A razão de minha visita é que foste convocado para nova reunião no grande Oriente.

– Mas quando?

– Deves partir comigo, pois o dia é hoje e a hora se aproxima.

– Está bem, então vamos.

Recomendei novas instruções aos meus guardiões e partimos imediatamente.

— Capítulo IX —

NOVA MISSÃO

Aproveitei a viagem para elucidar algumas dúvidas com meu tutor do alto. Não demorou muito e alcançamos nosso destino. Gabriel se apressou em me conduzir ao grande salão. Desta vez, o número de expectadores era muito maior do que eu esperava. Percebi que não estava sozinho. Outros guardiões, de vários pontos, também lá estavam. E todos eles foram nomeados e assentados como eu. A identificação de cada um não foi difícil, já que os símbolos que os companheiros portavam denunciavam claramente os cargos que ocupavam. Cumprimentei cada um deles e depois me sentei em uma cadeira destinada especialmente para mim, já que estava com meu nome. Permanecemos em silêncio até a chegada do presidente da assembleia, que, após as devidas saudações, iniciou a reunião:

— Que Deus nos abençoe com sua sabedoria e sapiência para que possamos conduzir esta assembleia com êxito. Senhor Marabô, fico feliz em recebê-lo mais uma vez neste recinto. Desta vez, com outro propósito. Teu trabalho no embaixo durante os anos que se passaram foram todos avaliados e os resultados são impressionantemente positivos, assim como dos demais guardiões aqui presentes. Mas destacamos os méritos dos teus trabalhos, porque eles foram realizados de forma pioneira e serviram de base para todos os outros. Por este motivo e também pelos teus progressos, indicamos teu nome para uma missão, desta vez na carne.

– Que missão seria esta, Divino Mestre?

– Os Grandes Mestres das esferas superiores planejam combater o mal que assola a Terra nos dias atuais. Para tanto, necessitam de um líder encarnado. Baseados nestes fatos, nós providenciaremos teu reencarne no Egito, onde serás um grande rei que libertará os povos da escravidão e da miséria a que se submetem de geração em geração há muitos decênios.

– Disto eu sei, já estive lá muitas vezes em combate àquela egrégora maldita. Muitos eu escravizei, mas o líder não, seus poderes são muito extensos e é praticamente impossível capturá-lo.

– Exatamente por isso é que o convocamos. Libertando o povo, o domínio dessa serpente maligna se extinguirá e com isso este tal líder deverá se expor, então os outros guardiões aqui presentes deverão capturá-lo, pois estarão amparados pela Lei. Assim a paz se reestabelecerá.

– E se eu falhar?

– Não pensamos nesta hipótese, mas, se acaso isto ocorrer, tua consciência te julgará. Pense bem, pois não há espaço para o fracasso, confiamos em ti. Aceitas esta missão?

– Sinto-me honrado pela confiança e aceito esta missão em nome da Lei, da Paz e da Justiça.

– Nestas folhas estão todas as diretrizes de nosso plano; todos os que aqui estão presentes são testemunhas fiéis do acordo que aqui está sendo selado e de tua livre aceitação. Prepare-se, filho, logo estarás na carne novamente.

– Está bem, Mestre, assim será feito.

A reunião foi encerrada com uma breve oração. Todos se retiraram parabenizando-me pela coragem. Antes de me retirar, li com atenção o plano traçado e aproveitei para tirar algumas dúvidas com meu anjo.

Retornei ao meu ponto e nomeei meu substituto. Dei todas as instruções possíveis, enquanto ainda era tempo. Logo vieram me buscar. Os preparativos do reencarne foram rápidos, pois minha mãe carnal já estava em adiantado estado de gravidez. Agradeci ao espírito que cedeu sua vez para que eu pudesse renascer, despedi-me de todos e mergulhei em meu corpo carnal. Os processos são os mesmos, a diferença é que eu nasci como um missionário; então as diretrizes de meu trabalho ficaram gravadas em meu subconsciente, mas as feições de criança e o desenvolvimento são os mesmos.

Lá estava eu, novamente encarnado, depois de longos e longos séculos, ou milênios, vividos no inferno; podia vislumbrar a vida em toda a sua magnitude.

Resumirei a fase da infância para não alongarmos muito nossa história. Recebi uma educação digna de um rei. Era um prodígio em todas as ciências e aprendi desde cedo a manejar as armas da época. Fui aclamado faraó após a morte de meu pai, em razão da prodigalidade de meus poderes. Conforme me desenvolvia, descobri os prazeres carnais e fui ficando cada vez mais embriagado pelo poder. Em princípio, as irradiações malignas se faziam de formas sutis, quase que imperceptíveis, pois a ação do alto era intensa. Meus companheiros não queriam que eu falhasse, entretanto, conforme eu fui me entregando, as ações do alto foram cessando, até que me entreguei completamente à perversidade. No palácio, eu realizava grandes orgias, recheadas de banquetes fartos. Mulheres e mais mulheres eu estuprei em nome de minha vaidade, enquanto no exterior, nas minhas terras, a fome, o sofrimento e a miséria dominavam a paisagem, alimentando forças malignas, que me dominavam cada vez mais. Casei-me com uma mulher nobre e com ela tive apenas um filho. Depois dávamos vazão aos nossos instintos mais promíscuos. Ela tinha todos os amantes que desejasse e eu instaurei uma lei que estabelecia que todas as virgens deveriam se submeter a mim. Assim, seguiu-se a panorâmica de meu reinado de terror e ódio, conhecido e temido por todo o Egito. Minha missão tão nobre foi completamente apagada de meu subconsciente. Eu estava realmente entregue aos domínios do mal ali instalados. No auge dessa loucura, comecei a perseguir todo o povo que deveria libertar para escravizar, com o intuito de construir uma pirâmide inútil. Os mais fracos eram mortos sem piedade. Outros trabalhavam sob o sol ardente do deserto, sendo mal alimentados, até

NOVA MISSÃO 95

perecerem e caírem mortos. Em consequência disso, meus exércitos vasculhavam toda a África e a Ásia em busca de mais escravos.

Até que outro enviado mais forte que eu foi colocado em nosso meio e dele se retirou, pois não aceitava a visão daquele mundo repleto de injúrias e perdição, para se juntar aos sofredores mais pobres e aflitos. Obviamente, ele foi enviado pelo alto para libertar esse povo. Todas as magias possíveis ele fez. Até que, em um plano maldito e traiçoeiro, eu aceitei libertá-los, a fim de encurralá-los no mar e lá capturá-los novamente, tamanho era meu ódio, pois meu filho fora morto. Quando menos se esperava, eu e meus soldados fomos engolidos pelo mar.

Mergulhei nas trevas mais profundas que a consciência humana pode imaginar. Havia falhado em minha missão e, como disse o grande Omolu, minha consciência agora me julgava. Eu era um ser reduzido a nada, perseguido nas trevas da minha ignorância por todos aqueles que maltratei e matei, pelos pais das virgens que estuprei. O ódio e a vingança perseguiam-me incessantemente e sem piedade. Mas, mais do que essas perseguições implacáveis, eu sofria com minha própria consciência. Os soldados que comandava se voltaram contra mim, pois, quando se viram no meio das trevas, cercados de algozes perigosos, despiram-se de suas fardas para não sofrer o mesmo destino que eu. Quanto a mim, não havia disfarce. Nenhuma distância era longa para meus algozes. Tudo era horror, só havia choro e ranger de dentes. Fui atacado por todos os lados, surrado até a exaustão e subjugado. Todas as atrocidades que cometi, a mim foram igualmente desferidas com a mesma frieza. Já não havia mais em mim nenhum sopro de vida. Meu corpo era uma ferida purulenta cheia de larva, sem ossos. As dores eram lancinantes. Eu gritava por socorro, mas não era ouvido. O terror e o medo se apossaram de mim impiedosamente. Não sei dizer quanto tempo eu passei nesse desterro. O ódio de meus perseguidores era infindável; eles sentiam prazer pelo meu sofrimento, pois riam o tempo todo, aumentando ainda mais a minha dor. Até que fui abandonado no chão em meio às trevas.

Então um cheiro horrível se exalava ao meu redor. Eu não sabia o que era, novamente o pânico tomou conta de mim. Senti seu sopro em minha face, mas não podia vê-lo. Suas escamas arrastavam-se pelo meu corpo inerte e trêmulo, porém, como que por encanto, meus olhos se abriram e eu pude ver seus olhos vermelhos como rubis fitando-me bem no fundo das retinas. Nada se ouvia, ninguém se aproximava. Meu medo era tão intenso que perdi o fôlego já rareado pelo sofrimento. De repente, a criatura ergueu-se, transformando-se em um imponente homem vestido de negro e montado em um enorme cavalo negro. Na destra, trazia uma lança, que bateu fortemente no chão, paralisando imediatamente todos ao seu redor. Ele disse:

– Agora és um verme e como um verme serás tratado. Levanta-te imbecil, quero ver-te nos olhos!

Eu não consegui me levantar, não tinha mais força alguma. Então dois homens me ergueram, causando em mim ainda mais dor. Carregaram-me até próximo do chefe e então ele me olhou profundamente e tornou a falar:

Nova Missão

97

– Ah, Ah, Ah, Ah, Ah!!! Veja só quem é... Ah, Ah, Ah, Ah, Ah... Prendam todos esses idiotas imundos e covardes. Deste aqui eu mesmo cuido... Ah, Ah, Ah, Ah...

Imediatamente, como por encanto, surgiram seres de todos os lugares, aprisionando outros que eu não conseguia ver; estavam todos escondidos, mas aos olhos daqueles temerosos soldados nada se ocultava. Logo não havia mais ninguém. Foram todos atados em uma grossa corrente e conduzidos em fila para os confins da escuridão. Em minutos, estávamos sós, eu e a criatura, que puxou uma corda negra e brilhante, atando-me a ela. Montou em seu cavalo e saiu galopando na escuridão. No trajeto, ele ria de meus gemidos, e sua gargalhada ecoava por toda a escuridão. Muitos seres trevosos formaram um corredor e, conforme eu passava, eles aplaudiam satisfeitos. Depois de muito tempo, atingimos os limites de meu antigo ponto. O cavaleiro então olhou para o alto e bradou:

– Aqui está o verme idiota que enviaram para libertar a Terra de meus domínios... Ah, Ah, Ah, Ah... Mandem outro, mas preparem-no melhor, Ah, Ah, Ah, Ah, Ah...

Enquanto dizia isto, ele me soltou e, ao terminar, olhou-me mais uma vez e se foi.

Fiquei no mesmo lugar, paralisado, não sei por quanto tempo. Milhares de vermes se alojaram em mim, sugando toda a energia vital que ainda me restava. Sem conseguir andar nem falar, só me restavam as lembranças amargas que se esvaíam do âmago de minha consciência quase morta. Ouvia o tempo todo aquela gargalhada cruel que me atormentava, aumentando ainda mais o meu inferno.

Já não sentia mais medo nem dor. Então, em um suspiro divino que ainda me restou, reuni todas as forças e gritei por socorro. Então surgiu na minha frente o mesmo guardião que eu havia nomeado antes de encarnar:

– Parece que estás arrependido do que fez, não é mesmo?

– S...s...sim...

– Pede perdão ou permanecerás aí até que o faças.

– P...pe...peeer...p...perdão!!!

Não sei dizer de onde tirei forças para dizer aquilo, pois não havia ar em meus pulmões.

Fui imediatamente socorrido e encaminhado a uma câmara de tratamento. Limparam meu corpo com o líquido que eu mesmo havia descoberto e vários outros fluidos energéticos. Minha energia vital foi restabelecida. Depois de dezenas de anos deitado naquele leito frio e escuro, fui recobrando minha consciência gradativamente, até conseguir sentar e falar novamente. Quando estava mais confiante, recebi a visita do guardião:

– Sente-se melhor?

– Sim, sinto-me rejuvenescido. Mas quem é o senhor?

– Sou Athor, servidor da Lei, não se lembra de mim?

– Desculpe-me, mas não me recordo de nada a não ser das atrocidades que cometi.

- Muito bem, então tome isto. Foi preparado especialmente para este dia, ajudará a recordar-se de alguma coisa.

Com as mãos trêmulas, peguei a taça e tomei todo o seu conteúdo. Logo tudo me voltou à memória.

– Sim, agora me lembro, sou Marabô, o guardião...

– Perdão... Mas perdeste este título. Pelo que sei, terás de trabalhar redobradamente para reparar os teus erros e ser digno deste grau novamente.

– Tens razão.

Discutimos sobre tudo o que aconteceu e eu pedi que me fosse concedida qualquer oportunidade de trabalho, pois precisava apagar meus erros da memória e reerguer-me. Assim, fui atendido, não pelos meus atos terrenos, mas pelos meus méritos do passado, que não foram esquecidos pelo meu antigo aluno.

— Capítulo X —

REASSUMINDO MEU REINO

Anos e anos se passaram sem que eu percebesse. Nos meus antigos domínios, tudo estava diferente. As falanges hierárquicas, embora fossem as mesmas, estavam mais organizadas. À minha maneira de ver as coisas, podia-se notar que as galerias e as câmeras de tratamento e esgotamento das negatividades aumentaram muito. As celas onde ficavam os escravos presos em batalhas e buscas foram ampliadas. Realmente meu antigo reino estava mais rico. Aos olhos humanos, podemos comparar tais compartimentos com cavernas sombrias e tenebrosas, entre labirintos de corredores feitos de pedra, sem nenhum valor, mas com olhos apurados de Exu, tudo se transforma em ordem e lei.

Estava distraído em meio às minhas observações, quando notei a presença de Athor a me vigiar.

– Olá Athor, notei que tudo mudou por aqui, não é mesmo?

– Sim, senhor Marabô, desde que saíste daqui, muitas coisas mudaram nas trevas e eu tive de implantar estes novos sistemas para acompanhar a evolução, que se aplica tanto no alto como no embaixo.

– Muito admirável o seu trabalho. Mas diga-me, que porta é esta?

– Trata-se de um depósito secreto. Aqui guardamos todos os elementos fluídicos que colhemos no orbe terrestre, com o fim de utilizarmos para o nosso refazimento e também de alguns dos caídos alojados.

Meu amigo abriu a porta e então pude ver todos os elementos ali guardados, em grande quantidade, tudo acondicionado de forma organizada. Depois de visitar todo o reino, Athor sentou-se em seu trono e advertiu-me:

– Com todo o respeito que tenho pelo senhor, advirto: não ouses tomar de mim este trono à força, porque não hesitarei em destruí-lo. Em um simples piscar de olhos, posso transformar-te em ovóide, basta erguer a minha espada. Se quiseres teu reino de volta, merece-o, que devolverei tudo ao senhor e serei teu servo e guardião fiel como fui no passado e poderei ser para sempre, se assim a Lei permitir.

Tais palavras calaram fundo em minha consciência. Tive de ser humilde ao extremo, para suportar calado tamanha humilhação. Afinal, Athor fora iniciado na magia e no poder de Exu por mim, embora fosse um iniciado no meio e eu na origem. Mas como minha memória estava enfraquecida, nada eu podia fazer naquele momento. Contudo, não consegui encontrar o motivo de ele ter falado comigo naquele tom.

– Eu tive o direito da conquista e fui nomeado pelo senhor, que me iniciou, isto eu admito. Li teus pensamentos, e peço perdão se te humilhei, mas saibas que não vou abrir mão deste reino, senão pelo direito da reconquista.

Calei-me e me retirei dali para um local mais reservado, a fim de meditar sobre tudo o que ocorrera.

Como fui falhar tanto assim? – perguntava-me. Por que fui tão hediondo? Qual o motivo de tanta fraqueza? Mas não encontrava as respostas e comecei a chorar. Até que Athor dirigiu seu poder mental a mim e falou:

– Nada acontece em meu reino sem que eu saiba. Portanto, pára de se lamentar e trabalha. Aqui, nas trevas, um ser que não trabalha não serve para nada. Aceitei tua presença aqui por pura consideração ao teu passado grandioso, mas se não quiseres colaborar, procura outro lugar ou eu te expulsarei.

Percebi que meu antigo aluno tinha ouvido meus pensamentos. Calei-os então, mas antes o inquiri uma última vez:

– Poderoso Athor, por onde devo começar?

– Dirige-te ao grande salão do sul, lá encontrarás Mhalatar, ele te ajudará.

Levantei-me e segui em direção ao grande salão, sem deixar que meus pensamentos me dominassem novamente, poderia ser perigoso. Alguns minutos depois, adentrei o recinto, onde encontrei Mhalatar.

– Senhor Mhalatar? Sou...

– Marabô, não é mesmo?

– Sim. Mas como sabe quem sou?

– Meu amo, o senhor Athor já me relatou sobre o senhor, que eu conheci bem. Mas pude notar que o senhor não lembra em nada aquele grande guardião que eu conheci. Não lê mais pensamentos, não se locomove como antes, não vê as coisas das trevas, nem mesmo seus dons auditivos foram mantidos. Quando saiu daqui, o senhor era bem mais poderoso!

– Creio que sim, pois todos me olham com medo. Mas me diga, quem és tu afinal?

– Atualmente me chamam de Mhalatar, mas, no passado longínquo, fui um jovem e suposto cientista que enganou um antigo companheiro e inimigo teu com uma suposta poção da juventude. Lembras-te disto?

– Sim, vagamente. Pelo visto, também pagaste pelos erros cometidos.

– Passei minha última encarnação enganando as pessoas com minha inteligência e capacidade de persuasão. Trapaceei, iludi, confundi, agredi, matei, roubei, traí, estuprei, menti e tudo o mais que se possa considerar como erro, falha e pecado. Tanto que consegui enganar até mesmo o grande Lucifér-yê. Mas quando ele descobriu minha tramóia, perseguiu-me até a morte. Então, depois de muito sofrer, fui socorrido aqui e, desde que fui curado de minhas feridas, coloquei-me à disposição do grande

Athor para servir-lhe neste lugar, tratando estes infelizes, até que a Lei me felicite com uma nova oportunidade de crescimento na carne.

– Está bem, mas como posso servir-te?

Meu novo amigo atribuiu-me várias tarefas e explicava-me tudo sobre os enfermos ali internados. Executei todas as tarefas com atenção e dedicação. Não sei quanto tempo se passou, mas eu ali permaneci trabalhando com afinco, sem reclamar, até que meus pensamentos de dor e ódio se apagaram por completo de minha memória. Minhas preocupações eram outras naquele instante. Não queria ficar o resto de meus dias ali, cuidando de enfermos, porém resignei-me e aguardei a oportunidade de reerguer-me. Entretanto, um dia as coisas começaram a mudar. Um dos doentes começou a tremer incessantemente. Mhalatar tentou socorrê-lo, mas foi em vão. Nenhum dos elementos que tínhamos servia para curá-lo. Foi quando lembrei que aquele verme doente havia chegado na noite anterior. Então, de sua boca, uma fumaça negra, com olhos e bocas, formando uma face asquerosa, começou a sair e se espalhar por todo o salão. E, quanto mais nos desesperávamos, mais a fumaça se multiplicava. Começamos a ouvir uma gargalhada gutural. Então, meu amigo gritou:

– Senhor Athor, estamos sendo atacados, socorre-nos...

Em poucos minutos, todo o recinto ficou repleto de soldados armados e prontos para lutar, mas nada havia para ser combatido. Não havia armas para abater aquelas sombras que esvoaçavam pelo alto e pelo embaixo, causando pânico e asco em todos. Elas voavam e depois mergulhavam nos doentes, atirando-os ao chão; em seguida, saíam dos corpos, cada vez mais densas e pegajosas, até que não restou nenhum dos enfermos nos leitos. Então elas penetraram nas mentes dos soldados e os induziram a lutar uns com os outros impiedosamente. Quanto mais os doentes definhavam caídos no chão e mais guardas matavam-se mutuamente, mais a gargalhada se intensificava. Athor, vendo-se encurralado, sacou sua espada e passou a matar seus próprios soldados, um a um, ele foi ceifando sem piedade. Olhei para um soldado ainda imune e, sem querer, comecei a ouvir seus pensamentos: "Deus meu, proteja-me. Ajude-me a vencer...". Assim ele rogava a assistência do Pai. Mas quando o pânico tomou conta de seu inconsciente, os pensamentos mudaram: "Venham todos, vermes imundos, vamos dominar e destruir este lugar". Repentinamente recebi uma avalanche de vibrações vindas do alto. Senti que em meu ser estavam se instalando ou reinstalando meus poderes. Uma pedra negra foi colocada em minha mão esquerda e eu a segurei com toda a força. Em um instante, retomei minha antiga forma e minha longa capa, negra por fora e verde por dentro. Em meu peito, explodiram os símbolos que estavam gravados em mim desde a infância. Empunhei novamente minha espada e meu cajado, com o rubi cravejado, e todos os símbolos a mim conferidos. Sim, era eu novamente, apto a destruir toda aquela farsa covarde e suja. Dei um salto e plasmei meu cavalo negro novamente. Pairei sobre o salão e observando atentamente, pude ver o enorme cordão negro que estava causando tudo aquilo. Rapidamente, cortei o cordão com um golpe de minha espada e abri um círculo mágico com fogo que fiz sair da mesma espada.

– Em nome da Lei e pelo poder a mim conferido, eu, Exu Marabô-yê, ordeno que todas as energias negativas que atacam este ambiente sejam recolhidas neste círculo, e nele sejam purificadas ou devolvidas para o lugar de onde vieram, e que não nos venham importunar novamente.

Em segundos, dentro do círculo, um vórtice de fogo formou-se, recolhendo, uma a uma, todas as sombras que gemiam ao entrar no círculo. A gargalhada cessou e se transformou em urro de dor e desespero. Naquele instante, quem gargalhou fui eu. Todo aquele ataque foi inútil ante o meu poder. Tudo se acabou na ponta de minha espada, que tudo absorveu. Quando o vórtice se fechou, tudo estava calmo novamente. Cavalguei até o exterior do salão, até as mais densas trevas, onde baixei minha arma e lá deixei toda aquela podridão, entregue à sorte do que havia no solo. Retornei ao salão. Quando vi a pedra em minha mão novamente, percebi em seu brilho a face de meu antigo irmão caído, Luci-yê-fer-yê. Gargalhei novamente e disse.

– Ah, meu querido irmão... Por que insistes em me atacar? Não vês que juntos poderíamos ser os grandes governantes do mundo, mas, em vez disso, somos dois vermes se digladiando por causas inúteis. Ainda que se passem mil milênios, eu verei tua queda completa e neste dia ficarei feliz...Verme idiota... Ah, Ah, Ah, Ah...

Minha voz foi ouvida até os confins dos infernos. Eu já não temia mais o meu passado nem o meu presente. De cima do meu cavalo, olhei para os semblantes de todos que ali estavam. Notei que o pavor tomava conta de todos eles. Ouvi os pensamentos de cada um deles. Quanta idiotice.

– Acalmem-se todos, não vou erguer minha espada a nenhum de vocês, não faria isso com um aliado por nada neste mundo, a menos que eu veja algo mais. Por enquanto, todos os que estão aqui pertencem ao meu reino e são meus protegidos, portanto nada devem temer. No passado fui um assassino maldito, mas agora não sou mais, pois quero apenas reparar meus erros, para honra e glória do Senhor que está no mais alto dos céus. Agora, voltem ao trabalho.

– Oh, Deus, por que não me deste os mesmos poderes desse verme inútil, pecador e errante? Por que nos colocaste cara a cara novamente? Perdoa-me, Pai, mas juro que vou aniquilá-lo. Mas por que não ouço mais seus pensamentos? Séculos e séculos servindo a lei aqui embaixo e o que eu recebo? Pura ingratidão. O que ele estará tramando?

Tudo isto meu antigo aluno estava pensando. Mantive-me calmo e pensei rindo:

– Athor, Athor... Será que não percebes que não podes ler o pensamento de um superior. Espero que não me obrigues a lutar contigo, não quero destruí-lo!

Depois, disse:

– Pare de blasfemar, Athor. Vamos seguir nossa jornada juntos. Nosso único dever é servir ao Senhor e à sua Lei. Só assim viveremos bem.

– Não vou entregar-te meu ponto – respondeu depois de longa pausa. Prefiro a morte. Lutemos então...

Um portal se abriu sobre nós, e, depois de centenas de anos, ouvi a voz de Gabriel novamente.

– Não é preciso lutar, acalme-se, Athor.

– Sei disso, grande anjo amigo, não ia lutar com ele...

– Mas eu ia, prefiro a morte a entregar tudo que construí nas mãos de Marabô novamente, porque não consigo ver justiça nisso!

– O que diz disso, Marabô?

– Digo que a justiça reside em nosso Pai Maior. Não desejo lutar com Athor, meus poderes não servem para matar aliados irmãos, mas para defendê-los. Além do mais, não estou roubando nada de ninguém. Já construí este reino do nada, posso muito bem começar outro em outro lugar.

– Não quer mesmo este reino?

– Se for para matar meu antigo aluno, não!

– Como pode ver, Athor, Marabô não se recobrou apenas de seus poderes, mas de sua antiga sabedoria também. Meu desejo é que vocês se unam, porque dentro em breve outro demiurgo descerá das esferas mais altas até a Terra e encarnará entre os homens para reconduzir os seres pobres e sofredores pelos caminhos da alma. Tal missão será muito perigosa e necessitará de sustentação tanto do alto como do embaixo, tanto na esquerda como na direita. Assim sendo, bons guardiões serão necessários. Espero que, no tempo oportuno, vocês aceitem esse desafio. Além do mais, foi determinado que, até que a última alma reencarne na face da Terra, haverá guardiões a lhes conduzir e amparar, pois a ação de suas forças é primordial para o equilíbrio da espécie humana, que sempre viverá sob a influência completa do mal. Como a alma humana é dual, então não há como prescindir desse recurso. Muitos e muitos seres reencarnarão com a missão de conduzir os povos para os caminhos do amor, do perdão, da paz, e todos eles terão guardiões à esquerda para lhes acompanhar e combater o mal que porventura contra-atacar. Portanto, Athor, reino para inaugurar aí no embaixo é que não faltará. Busquem no grande Oriente o livro sobre os planos do alto para o grande demiurgo que está por vir, depois virei novamente para lhes dar novas instruções. Estão de acordo agora?

– Sim, meu querido anjo Gabriel.

– E tu, Athor?

– Sim, Senhor.

Ficamos amigos novamente. Passamos a comandar juntos. Estudamos detalhadamente o livro indicado e ficamos sabendo dos pormenores de nossa missão. Deveríamos formar falanges de guardiões, de todos os mistérios, para acompanhar o grande enviado. Preparamos tudo, conforme nos foi instruído. Limpamos todo o orbe terrestre, desvitalizamos todo o mal que estava impregnado no ser humano daquela região e recolhemos todas as larvas. Tudo, absolutamente tudo, foi extremamente limpo e preparado para o encarne do ungido, que antes de assumir seu corpo carnal se reuniu conosco. Confesso que nunca vi tanto amor reunido em um único ser. Suas feições angelicais ofuscavam nossas vistas. Lá estávamos todos nós, grandes guardiões do embaixo, para não dizer inferno, assentados à esquerda d'Ele, e os anjos, arcanjos e as variadas entidades de luz, à direita.

– Filhos amados. Nosso Pai nos abençoa em mais uma missão na Terra, desta vez para que o ser humano conheça Teu imenso amor e compaixão. Aqui ele nos conduziu e muitas coisas estão por vir, mas tenho certeza de que venceremos, uma vez que estamos unidos no mesmo propósito: a evolução da espécie humana neste planeta, que há muito tempo eu governo e que é de expiação e provas. Vou mostrar o caminho, depois voltarei à minha morada, de onde acompanharei a jornada de cada um de vós. Quero expressar minha profunda gratidão a todos vós, pelo grandioso trabalho que realizastes, e pedir licença, pois o trabalho nos chama, urge que sejamos rápidos. Amo-vos de todo o meu coração.

Então, em uma noite clara e fria, em uma simples manjedoura, ele nasceu, sob a vigilância atenta de todos nós, líderes do embaixo à sua esquerda e à sua direita. Lá permanecemos em vigília, até que o anjo Gabriel nos ordenou a retirada. Recolhemo-nos e aguardamos novas instruções.

Capítulo XI

A DOR DO CAÍDO

Ao chegar em meu ponto, reuni todos os meus subordinados a fim de saudá-los e também para nos limparmos das imundícies que recolhemos na face terrestre. Aproveitei para definir com Athor a formação de seu degrau, já que eu reassumi definitivamente meu reino. Estávamos em plena discussão, quando notamos a presença inesperada de alguém não muito agradável. Não contive o espanto ao vê-lo.

– O que vós tramais com as forças do alto que eu não pude saber?

– Ora, mas que surpresa, tu aqui, na forma de verme. Por que tanto interesse em nossa missão?

– Percebi um movimento estranho na crosta, mas não consegui descobrir o que era, vim aqui para investigar melhor.

– Trata-se da chegada do novo demiurgo...

– Ah, Ah, Ah, Ah, Ah... O único demiurgo sou eu, idiota...

– Não és mais. Tudo o que és agora é um enorme verme acabado e inútil, condenado a viver a dualidade dos sentimentos neste inferno. Nada mais!

– Como ousas falar dessa maneira comigo. Derrotaste-me da última vez, mas fica sabendo que não será sempre assim.

– Não me importo mais contigo. Meu maior prazer é ver-te caído e atado às trevas mais profundas da ignorância humana. A alma que acabou de nascer o substituirá, e toda a proteção necessária foi montada para que ele seja bem-sucedido, ao contrário de tu, verme nojento.

– Tens noção do que estás falando?

– Sim, toda uma egrégora de guardiões foi formada pelo anjo do Pai Maior para que tudo ocorra de forma tranquila. E nós o auxiliaremos até o fim de sua jornada na carne. Ele, sim, reconduzirá o povo sofrido para os braços do Pai novamente e pela vontade. Dele, nada de errado acontecerá desta vez, pois este mesmo povo escapará de suas garras asquerosas e nojentas.

– Mas o demiurgo sou eu. Eu é que recolho as almas perdidas, dou-lhes a punição e esgoto, assim é que deveria ser...

– Não é assim que foi planejado, irmão... agora é tarde!

– Não pode ser...

– Tanto é, que já está acontecendo. Tu e eu deveríamos conduzir e abrandar os corações das almas que aqui aportaram tempos atrás. Mas tu te deixaste envolver pelo mal e pelo egoísmo e caíste, e me levaste contigo. Dominado pelo ódio que aplacou em meu coração, caí também.

Enfim, se achares motivos úteis, todos os teus poderes só servirão às trevas, nada mais, porque nada é o que és nesta imensidão escura e desértica.

Meu antigo irmão começou a chorar. Senti profunda compaixão. Talvez por causa de nossos antigos sentimentos de amizade. Depois que entramos no mundo dual, nossas forças se divergiram e nunca mais fomos felizes. Ao ver meu irmão em sua antiga forma, ajoelhado, chorando lágrimas de sangue, urrando tão alto que se podia ouvir até no mais profundo inferno e, quem sabe, na crosta, senti-me até um pouco culpado, mas depois comecei a gargalhar freneticamente. Naquele momento, minha vingança estava completa. Mas então parei e comecei a recordar dos tempos de juventude em que vivíamos juntos pelos campos a brincar. Lembrei-me de como ele amava o Senhor Deus em toda a Sua grandeza. Comecei a imaginar a dor que ele devia estar sentindo. Mas foi só por um instante, depois comecei a rir novamente. Não me importava mais com nada, a não ser com a satisfação de vê-lo chorar.

– Ó, Senhor... – bradou ele. – Por que não me esclareceste? Que destino Tu me reservas, ó Pai. Serei sempre um verme asqueroso e inútil?...

– Luci-yê-fer-yê, meu filho, tu irás me servir nas trevas, onde toda a podridão humana se encerra. Todos os teus poderes, um dia outorgados por mim, deverão ser usados somente nas trevas, onde teu reino terá os limites cravados. Nele construirás um império e dele comandará todas as forças para combater o mal na Terra, até o final dos tempos. Que assim seja, porque assim está ordenado.

Depois que a voz do Pai Maior se calou, meu antigo irmão e rival se retirou de nossa presença. Desde esse dia, nunca mais o vi com a mesma feição. Mas sei que ele jurou ser fiel ao Pai e à vontade Dele.

Os tempos passaram e nós continuamos em nossos pontos aguardando novas instruções do anjo para a conclusão de nossas tarefas junto ao enviado. Nesse período, foi-nos apresentado um grande livro, repleto de nomes que a Lei Maior escolheu para que fossem curados e transformados. Todos os grandes como eu receberam um igual, até mesmo Lúcifer (assim vamos chamá-lo de agora em diante, porque assim ele escolheu ser chamado desde aquela fatídica noite). Começamos o trabalho. Fomos incumbidos de vigiar cada uma das pessoas que tinham seus nomes gravados no livro. Noite após noite, semana após semana, milhares de seres foram estudados e gravados em nossos mistérios. Aos poucos, as mentes doentias deles foram sendo abrandadas, esgotadas e limpas. Do alto, falanges inteiras de luzeiros ministravam passes, e a cura das almas infelizes se fez. Só depois de todo o trabalho concluído o mestre saiu para a sua missão. Então a ordem veio. Em uma grande assembleia, Ele nos falou.

– Irmãos do alto e irmãos do embaixo, nossa missão se iniciará em poucas horas. Devo agradecê-los desde já, porque nosso trabalho será árduo, mas duradouro. Fiquem todos em paz.

Depois disso se retirou e nós permanecemos reunidos, recebendo instruções do querido Arcanjo Gabriel.

Eis que Ele iniciou sua jornada. Nossa missão era acompanhá-lo em todos os lugares por onde ia, até mesmo no deserto, onde o grande livro descreve as tentações que Ele recebeu. Realmente, o escolhido resistiu a todas elas, mas elas não foram ditadas por Lúcifer,* porém por outro imundo que se julgava conhecedor de todos os poderes. Aquele homem tinha uma determinação impressionante, e nos convenceu por meio dela, porque durante os 40 dias que permaneceu no deserto não foi necessária nenhuma intervenção de nossa parte. Depois disso, da escolha dos apóstolos, passando por todos os sermões, até a cruz, nosso trabalho foi intenso. Todas aquelas pessoas que havíamos preparado foram curadas de suas doenças e podridões. Cada um dos leprosos que curou havia alcançado o grau de merecimento no momento em que nasceu. Quando as multidões eram reunidas, os guardiões e suas falanges do embaixo se espalhavam, anulando as negatividades de cada um, e logo em seguida um mestre da luz abençoava, fazendo abrir os ouvidos de ouvir e os olhos de ver a todos aqueles que necessitavam de alívio para suas dores e sofrimentos, tanto carnais quanto espirituais. Por isso Ele recolheu tantos seguidores em sua passagem. Muitos foram os desafios até o fim da jornada na cruz. Nós todos já sabíamos o que iria ocorrer, por isso não nos importamos quando ele foi condenado. Eu pessoalmente admirava a coragem daquele homem. Sua determinação em demonstrar ao povo que o caminho da luz era o amor e o perdão foi ímpar. Amor e perdão andam juntos, mas é difícil separar

---

* NE.: Sugerimos a leitura de *Governo Oculto do Mundo – Deus ou Lúcifer?*, de Wulfing von Rohr, e *Lúcifer – O Diabo na Idade Média,* de Jeffrey Burton Russel, ambos da Madras Editora.

tais sentimentos do sofrimento. Portanto, quem quiser chegar ao Pai novamente deve adotar em si o amor e o perdão como regras básicas, e isto implica sofrimento. Todas as suas palavras se resumiram nisto. Amar a Deus sobre todas as coisas, de todo o coração, com toda a força e com todo o conhecimento e, ao próximo, como a si mesmo. Não sei como isso pôde ser considerado crime, mas foi. Entretanto, um mecanismo foi descoberto. Nos líderes, como Caifas, por exemplo, havia uma falange das trevas que o guardava, endurecendo seu coração. Os líderes dessa falange se compraziam dos deleites e sacrifícios que ele promovia em nome da fé e de um messias que nunca viria, pois ele já estava ali. Mas a instrução era para deixar que esses tais guardiões fizessem o seu trabalho, nós só deveríamos vigiar para que eles não atacassem o escolhido. Assim cumprimos o ordenado.

Depois da cruz e antes do tão famoso terceiro dia, Ele nos reuniu novamente e nos falou:

— Louvado seja Deus por nossa missão tão bem-sucedida. Eu vos agradeço, ó Pai amado, por terdes me enviado estes entes tão queridos, dos quais eu jamais me esquecerei enquanto governar este planeta. De minha parte, irmãos queridos, eu vos agradeço por terdes vos empenhado em vosso trabalho e prometo que vós tereis um lugar ao meu lado na próxima era; até lá, cumpri vosso trabalho, para que todos os nossos amados irmãos sejam reconduzidos para a senda evolutiva do bem e do reencontro com o Pai Maior, que está no céu à nossa espera. Que cada um de vós receba de meu coração este presente, e que todos vós sejais lembrados por toda a eternidade como Guardiões da Lei e da Justiça Divina.

Naquele instante, cada um de nós foi presenteado com uma lança cristalina, de grande poder, que representava a união fraterna de todos nós com as forças do alto. Ajoelhei-me e jurei servir a Deus, onde fosse necessário, até o final desta era. Até que se extinguisse da Terra todo espírito errante e caído de outras trevas para a nossa.

Reunimo-nos em festa, então, em um grande saguão, que preparamos somente para aquela ocasião. O recinto fica em um lugar neutro, e todos nós nos reunimos com nossas falanges para comemorarmos nossa vitória, sempre na mesma data, a que vós chamais de Sexta-Feira da Paixão. Comemorai conosco esse dia e sede testemunhas vivas de que toda podridão e lamúria são retiradas de vós e da Terra também.

—— Capítulo XII ——

A Última Missão

Aproximadamente mil e quinhentos anos depois da vinda do Grande Mestre, uma nova notícia abalou os meios das trevas. Estava eu reunido com outros grandes em assembleia, quando fomos interrompidos por um dos sentinelas.

— Senhor Marabô, um mensageiro do Oriente o aguarda na entrada.

— Sabe quem ele é, sentinela?

— Não, senhor, mas ele disse que é de suma importância.

— Peço licença aos senhores para me retirar, aguardem meu breve retorno.

— Nossos assuntos não podem ser interrompidos. Volte logo, Marabô.

— Voltarei, senhor Halesch.

Saí imediatamente do grande salão. Do lado de fora encontrei Calab, meu companheiro do alto.

– Salve, meu amigo e irmão Calab, a que devo a honra de tão nobre visita.

– Salve, Marabô. Não tomarei muito seu tempo. Que a paz de Oxalá esteja conosco. Minha visita se deve ao fato de os Grandes Mestres do Oriente necessitarem de tua presença no salão costumeiro, e eu me fiz mensageiro deles.

– Muito me honra tal convite, mas do que se trata? Podes adiantar-me?

– Não sei ao certo, irmão, mas sei que é de suma importância.

– Quando devemos ir?

– O mais breve possível.

– Vou terminar a assembleia, pois assuntos importantes estão sendo tratados; depois partiremos.

– Tenha calma, Marabô, creio que há tempo.

– Com licença.

Voltei à assembleia, mas já não estava tão presente. Embora meu espírito estivesse ali, minha mente vagava pelo Grande Oriente.

– Marabô, todos percebem tua ansiedade em ausentar-te em razão da convocação que recebeste. Se estás aqui só para enfeite, é melhor que se retire, pois os assuntos em pauta exigem grande atenção para que as decisões sejam as mais corretas possíveis – alertou-me um dos grandes.

– Perdoem-me, mas não pude conter as lembranças do passado, da última vez em que fui convocado. Temo que por algum período estarei fora destas reuniões em nosso meio, creio que alguma nova missão me aguarda.

A Última Missão | 123

– Se isso for, estaremos ao teu lado desta vez, confia e mantém-nos informado.

– Agradeço imensamente a atenção que estás me dispensando, Senhor Mutumbho.

– Estaremos sempre ao teu lado, tenhas certeza disso – afirmou outro guardião.

Com a licença de todos, despedi-me e parti com Calab rumo ao Grande Oriente luminoso.

Lá chegando, adentramos o grande salão, desta vez sem dificuldades, pois fui reconhecido por todos os vigias dos portais do recinto. Acomodei-me em meu lugar, previamente preparado, mas não estava no meio do salão, e sim em posição de assistente. Aguardamos a presença do presidente da assembleia, que não tardou a entrar.

– Louvado seja Nosso Pai Maior, que nos permitiu estarmos reunidos neste instante. Que a Sua graça e poder estejam conosco. Querido filho Marabô, solicitamos tua presença aqui para tratarmos de uma ordem do alto, em que indicamos teu nome para nova missão na Terra.

– Grande Mestre Haulim-yê, estou honrado pela confiança que estão depositando em mim novamente, mas não posso conter o medo de novo fracasso. Todos aqui sabem que esse perigo é iminente, por isso estou pedindo humildemente que escolham outro nome para essa missão.

– Não, Marabô, desta vez não se trata de conduzir povos ou de ser um líder de grandes multidões, mas apenas uma missão de reconhecimento e expansão, que será valiosa para a obra do Pai e da raça humana.

– Como assim?

– Nosso plano te colocará em posição humilde na Terra, onde deverás viver as agruras das necessidades mais básicas; mas, depois da infância, deverás conquistar pelo teu esforço próprio um lugar de destaque entre as embarcações. Delas serás o comandante e expandirá o reino lusitano em outras e distantes terras, onde encontrarás outras raças. Nessas terras, será preparado o espaço para o nascimento de uma nova e vitoriosa religião. Esta será tua missão.

– Mesmo assim eu temo, mas aceitarei a missão.

– Estarei ao teu lado, irmão – disse Calab.

– É isso que mais me intriga. Por que vós, tendo ao vosso lado o grande Calab-ye, não o posicionais para esta missão? Por que tem de ser eu?

– Calab, se acaso ainda não reparaste, não se encontra no mesmo plano que o teu; seu espírito não pode ser preparado para a encarnação porque sua missão se encerra no espírito e não na carne, esta é a vida dele e assim sempre será.

– Agora entendo.

– Muito bem Marabô, agora que estás a par de tua missão e na presença de todos estes outros guardiões e mestres nesta sala e dos anjos e arcanjos que nos assistem do alto, eu pergunto: aceitas esta missão?

– Sim, aceito – respondi em voz alta. – Mas posso fazer uma última pergunta?

– Fique a vontade!

– Meu querido anjo Gabriel está conosco? Desta vez não pude vê-lo.

– Sim, está. Mas não se preocupe, logo ele se apresentará, lá fora, em lugar reservado.

Não entendi muito bem o porquê de tanto mistério, afinal ele já esteve presente tantas vezes. Qual seria o motivo de ele não poder se apresentar desta vez?

Mergulhado em minhas conjecturas, retirei-me do grande salão; não me preocupei com os meus pensamentos, pois havia aprendido como isolar meu mental para não ser ouvido. Nesse tempo, havia grandes mestres caídos que recolhi em meus domínios e, depois de ajudá-los a se recuperarem, muitas magias eu dominei. Como gratidão, esses grandes mestres iniciados no meio ensinavam-me suas magias. Eu aprendi a magia dos cristais, a magia ígnea, a magia eólica, a magia do tempo e assim por diante, até ser iniciado. Quando algum mestre ascensionado vinha resgatar um de seus pupilos, eu recebia a outorga para utilizar a magia respectiva. Assim dominei vários mistérios. Ao chegar no jardim, estava conversando com Calab, quando notamos a presença do Anjo Gabriel.

– Salve, meu querido Marabô, como estás?

– Salve, Divino Anjo, estou honrado por vê-lo novamente – respondi prostrado em sinal de respeito.

– Levanta-te, não é necessário ajoelhar-te. Tenho notado tua evolução, enquanto guardião dos mistérios das matas. Teu reino cresceu muito e tuas vitórias foram muitas. Até mesmo teu irmão se arvora em ti para trabalhar no sétimo grau das trevas.

– Como assim, querido anjo?

– Ele vigia todas as tuas ações, pois conhece os meios para isto. Depois que percebeu o erro que cometeu, ele agora é um dos principais representantes do Poder de Deus nas trevas. Com ele, estão outras seis serpentes que, como ele, caíram, e jamais sairão de lá, até que toda a raça humana se refaça dos erros e não haja mais pecadores sobre a face da Terra.

– Isto vai demorar, não?

– Sim, vai demorar alguns milênios, mas há um tempo determinado para isto, não se assuste; apesar de o trabalho estar só começando, o fim também não tardará. Afinal, o que representam alguns milênios para seres como nós, não é mesmo?

– Isto é verdade, já não me recordo mais do tempo em que estou vivendo em espírito, desde o último grande cataclismo!

– Estás feliz com tua nova missão?

– Estou meio receoso, pois, com tantos outros guardiões, escolhem sempre a mim.

– Tu és o melhor, não obstante o teu fracasso da última vez que esteve na Terra. Teus domínios se expandiram, e as almas que salvaste e resgataste vibram unissonamente para o teu bem e sucesso respectivo. Milhares delas estão na carne, sofrendo o destino da reparação; outros milhares de espíritos já venceram a carne e agora trabalham no alto, amparando as almas que lhe foram afins no passado. Eis o motivo da escolha de teu nome.

A Última Missão | 127

– Como já disse, sinto-me honrado por isso. Mas responde-me, querido Anjo, por que não te apresentaste no grande salão?

– Uma nova ordem foi estabelecida pelas esferas superiores, não nos é mais possível nos apresentarmos por causa dos grandes perigos que as esferas inferiores oferecem; devemos nos resguardar e utilizar nossa presença por meio da intuição, para afastar nossos filhos dos males que estarão cada vez mais presentes na vida humana. Se preciso, irradiaremos nossos pensamentos aos guardiões para que eles façam a defesa, pois eles estão acostumados com a densidade da crosta terrestre. Só por isso. Acostumate com isso, Marabô, pois este será o último encontro em que me verás como me apresento, pois até neste instante teu irmão te vigia; porém, aqui, sua irradiação não chega, porque tomamos a precaução de isolar este local, já que não posso correr o risco de ser aprisionado, não por ele, mas por muitos outros que desejam ver o fim da luz e se aproveitam do cordão instalado em ti para manifestar suas perversidades. Toma muito cuidado com isso.

– Está bem, meu querido anjo, eu tomarei o máximo cuidado.

– Adeus, meu filho, que nosso Divino Pai dê todas as bênçãos de força e luz para tua nova missão.

– Adeus, meu querido anjo – ajoelhei-me novamente.

Regressei ao meu reino e nele fiquei pensando em meu irmão novamente, até que ele se apresentou.

– Salve, Marabô. Por que pensas tanto em mim?

– Recebi a notícia de que estás vigiando meus passos pelas trevas da ignorância humana, e isto não me agradou, afinal nossa história do passado não permite tal ato de sua parte.

– Desde que percebi meu erro, arrependi-me de tudo o que fiz, pois caí sob o domínio das trevas que se instalaram na face da Terra. Isso me doeu muito. Agora quero reparar meus erros, trabalhando no último grau das trevas, e para isso precisei de ferramentas que não sabia onde encontrar, por isso utilizei esse recurso.

– Se te serviu positivamente, eu aprovo. Mas não ouses tocar em meus domínios, pois não medirei forças para destruí-lo.

– Não farei isso novamente. Recebi a notícia de tua nova missão na Terra e gostaria de oferecer-me para auxiliá-lo, aceitas?

– Se acaso for necessário, faze o que quiser, desde que não me prejudiques.

– Não o prejudicarei, fique tranquilo.

– Comparece na assembleia que vou convocar, preciso deixar os outros grandes a par de meu reencarne.

– Não sei se serei bem-vindo.

– Se te apresentares como deves, nada te acontecerá e todos te receberão. Mas uma coisa não é aceita em nosso meio: a traição. Não traias, é tudo o que peço.

– Então, eu irei.

Reuni a assembleia e levei meu irmão comigo; ele levou seus guardiões, todos rigorosamente armados, para não haver perigo. Quando entramos no salão, fomos logo advertidos:

– Por que trazes contigo este cão imundo, Marabô? – indagou Halesch-ye.

– Não se assustem companheiros, quero apenas apresentá-lo nesta assembleia, para que ele seja um novo membro.

– De minha parte, esta presença é desnecessária, a menos que me convenças a aceitá-lo, com bons argumentos, pois toda a minha falange foi arrasada por este verme.

– A minha também – afirmou Hô Lyim.

– Peço desculpas a todos aqui, apesar de saber que não existem desculpas em nossos domínios; mas como disse a Marabô, desde que percebi os meus erros hediondos do passado arrependi-me e me coloquei a serviço de Nosso Pai Maior no último grau das trevas, onde punimos e esgotamos todo ser humano caído em nossos domínios, mas apenas isto. Em nosso reino há caídos de todas as espécies e imundícies que se possa imaginar, eu não me preocupo em lhes renovar os pensamentos e fazê-los se reerguer, apenas dou-lhes a punição severa que merecem. Quando quiserem, vão lá e resgatem os que eu achar que devem ser resgatados, pois meu reino está cheio e muito mais ficará se não tomar alguma providência logo. Por isso estou me apresentando aqui.

– Como garantes que nossa excursão por teu reino será segura? – perguntou Halesch.

– Mostrem seus símbolos aos meus guardiões, eles receberão ordens severas para lhes garantir salvo-conduto.

– Pois bem, então toma assento em nossa assembleia, mas saibas que não toleramos traições.

— Marabô já me alertou, fiquem tranquilos que não haverá traição de minha parte.

Com os ânimos abrandados, prosseguimos com nossa reunião, em que expus a minha nova missão na carne. Depois de tudo esclarecido e algumas novas decisões tomadas, retiramo-nos cada qual para o seu ponto.

Ao chegar no meu reino, tomei todas as providências para que nada faltasse durante minha ausência; desta vez, nomeei um guardião com instruções diferentes, para não causar confusão caso eu retornasse. Este me prometeu fidelidade, e todos os outros aceitaram a nomeação sem intrigas.

Resumirei o processo de reencarne para não me alongar muito.

Nasci em terras lusitanas, em uma família humilde e muito pobre. Passei a infância junto de meu pai, que era pescador. Desde novo me fascinei com os mistérios do mar. Sempre quis navegar por toda a sua vastidão. Meu pai, vendo meu dom nato de navegação, colocou-me junto de um capitão de nau, que me ensinou todos os segredos das marés, dos pontos cardeais e das cartas utilizadas para navegação. Tornei-me um mestre logo após a adolescência. Conquistei prestígio e sucesso com meu trabalho. Logo fui indicado para chefiar uma das naus da marinha mercante portuguesa. O comércio estava em franca expansão, e a rivalidade entre Espanha e Portugal era acirrada. Logo tivemos a notícia de que um tal navegador espanhol havia descoberto novas terras. O alvoroço foi grande, o rei de Portugal achava meios de expandir seus domínios e logo

A ÚLTIMA MISSÃO 131

meu nome foi indicado, em razão do sucesso de minhas missões em alto-mar. Meu pai orgulhava-se de mim, pois minha família já não era tão pobre e ele já não dependia mais de um único comprador para negociar suas pescarias. Adquiriu um barco e começou a negociar diretamente os peixes que pescava. Quando soube que fui indicado para capitanear a nau e chefiar a missão de expandir o comércio, ficou nervoso, mas deixou-me partir com lágrimas nos olhos, ele e minha mãe. Não sei por quê, mas no momento em que zarpei do porto, tive a impressão de que já sabia o rumo a ser tomado. Na história contam outras coisas, mas são mentiras que devem ser esclarecidas em breve.

Lançamos âncora em terras brasileiras. Desde o princípio fiquei encantado com tudo o que vi, desde as praias até o povo que ali habitava. Era tudo muito lindo. As árvores, o cheiro da relva, as matas, os povos indígenas, suas culturas e tudo mais que se podia ver me deixaram cativado. Logo a notícia se espalhou pela velha Europa, e todos conhecem o final desta história. Mas o relevante disto tudo é que diante do reino de Portugal eu defendi os habitantes daqui, tudo fiz para que eles não sofressem tanto. Talvez pela lembrança ancestral arraigada em meu mental, dos tempos de infância vividos junto ao meu pai Marab, não sei dizer ao certo. Desencarnei velho e doente, mas pedi permissão para retornar a esta terra. Desta vez, fui um jesuíta. Embrenhei-me pelas matas brasileiras e me envolvi tanto com a cultura e a religião indígenas que, ao mesmo tempo em que catequizei os silvícolas, fui dominado por seus costumes e crenças. Então o comércio de escravos teve início. Os grandes colonizadores dominaram estas terras, espalhando ódio e devastação por onde passavam. Mas nas matas mais inatingíveis foi que meu trabalho ganhou vultos inigualáveis. Eu abençoei e incentivei a miscigenação de raças entre brancos, índios e negros, formando nova comunidade denominada até hoje de caboclos, mamelucos e mulatos. Quando as autoridades descobriram meus atos, julgaram como traição. Então fui julgado pelo clero e pela justiça como traidor, por incentivar a fuga de escravos negros e os ocultar. Condenado, fui enforcado publicamente. Nada senti, apenas tive a impressão de ter adormecido. Quando despertei, estava em um ambiente luminoso e repleto de paz. Caminhei até a porta e, quando a abri, fiquei surpreso. Fora daquela sala, avistei milhares de irmãos acenando as mãos calejadas em demonstração de carinho e gratidão. Ao mesmo tempo em que contemplava a multidão, inquiria-me intimamente, sem saber ao certo o que estava acontecendo. "Onde estou? Que lugar é este? Quem são estas pessoas?".

– Estás em uma das muitas casas de Deus, nosso Pai – afirmou Calab.

– Quem és tu, amigo?

– Não me reconheces mais, irmão?

– Confesso que não.

Depois de observar com mais atenção, recordei-me de meu tutor espiritual.

– Quem são estas pessoas, Calab?

– São os homens e mulheres que ajudaste na Terra. Todos vieram demonstrar a gratidão pelo alvitre recebido.

A Última Missão | 133

Contemplei e retribuí o gesto de todos, indo ao encontro deles e os abençoando, como se ainda fosse um padre jesuíta. Depois de longo período, fui recolhido novamente à minha sala, onde fui recepcionado por outros mestres. Tudo estava perfeito, mas logo notei que estava sem minhas armas e minha capa. Então nova questão surgiu.

– Responde-me, Calab, o que estou fazendo aqui?

– Galgaste o degrau da carne e mereceste um novo posto. Agora já não és mais das trevas, e sim da luz, na qual firmarás teu novo posto para a religião que está para ser inaugurada. A multidão lá fora atesta o que estou falando. Todos foram beneficiados por teus atos, tanto o guardião do portal das matas como o ser humano vivente na Terra, onde tiveste uma vida de conduta ilibada e isenta de pecados. Como pode ver, não há evolução sem encarnação.

– Peço-te perdão, Mestre Calab, mas não posso aceitar tal posto. Não duvido que aqui haja muito trabalho a ser feito, mas prefiro retornar ao meu ponto.

– Mas por quê?

– Não se trata de vaidade ou soberba, porém, desde a última vez que encontrei meu irmão Lucifér-yê e testemunhei suas lágrimas de arrependimento, sua imagem perdura em minha consciência até hoje. Recordo-me de nossos tempos de infância e juventude e, embora nossas diferenças sejam muitas, jurei a mim mesmo, por estes sete símbolos que conquistamos juntos, que ficaria ao lado dele até que tudo se consuma e a Lei vença, para honra e glória de Nosso Pai Maior.

– Tens certeza do que dizes, Marabô? Quando teu irmão alcançar o direito de sair de onde está, a humanidade como a vês não mais existirá. Embora o tempo esteja determinado, vai demorar muitos milênios.

– Eu não me importo, se sairmos vitoriosos, ficarei feliz de estar ao lado dele.

– Muito bem, levarei tua petição aos nossos superiores.

– Não será necessário, Calab – disse o Divino Anjo Gabriel. – Ouvimos os argumentos de Marabô e julgamos que tais sentimentos são nobres e fiéis.

– Obrigado, Divino Anjo – respondi ajoelhado novamente.

– Levanta-te Marabô, teu desejo foi atendido. Retoma teu posto como Exu Guardião e prepara-te, pois, como Calab afirmou, uma nova religião nascerá e suas atividades terão início em breve.

– De que se trata essa nova religião?

– Será uma religião que reconduzirá o ser humano ao encontro das Divindades Sagradas, como tu cultuaste há mais de dez mil anos. Lembra-te?

– Sim, lembro, mas acho difícil que eles vejam as divindades como eu e meus ancestrais vimos.

– Ninguém verá, somente alguns poucos filhos poderão ter esse privilégio, mas estes poucos serão testemunhas fiéis do que estou falando. Nessa religião, que já tem suas diretrizes traçadas pelos grandes mestres do Oriente, haverá muita intriga, inveja e discórdia, mas no final o bem deverá prevalecer sobre o mal. Espero que aceites teu novo cargo.

– Aceito com alegria.

– Então retoma teus símbolos, tua espada e elementos, e assume teu posto.

Reassumi minha antiga forma e todas as minhas armas. Recebi um grande livro das mãos de Calab que tinha todas as leis que regem a religião até hoje e desci para o meu antigo ponto de forças para reassumir meu reino nas trevas da ignorância humana.

—— Capítulo XIII ——

O REENCONTRO

Estava em meu ponto meditando sobre as coisas que precisava aprender, quando notei que me faltavam alguns dados importantes e que eu precisava urgentemente de material para estudar esses dados. Apressei-me em me dirigir à biblioteca do Grande Oriente para encontrar o que precisava. Logicamente, pedi a companhia de meu amigo Calab, que se apresentou brevemente. Discutimos muitos assuntos e nos colocamos a par de muitas dúvidas com os grandes mestres e fundadores da nova religião.

Ao sair da biblioteca, não encontrei Calab. Fiquei intrigado, mas não me preocupei. Já ia procurá-lo quando ouvi uma voz feminina vinda de minha retaguarda:

– Marab-hô?

Fiquei surpreso, pois quase ninguém sabia o meu antigo nome, quanto mais sendo fêmea. Será que é...? Perguntava-me. Devo estar ouvindo coisas! – Respondia-me.

– Não, não estás ouvindo coisas, sou eu mesma, meu querido Marab-hô!

Virei-me. Então vislumbrei a imagem mais linda que pude ver em mais de dez mil anos. As palavras fugiram-me, e eu não sabia o que falar. Por isso meu amigo sumiu, acho que ele sabia de nosso reencontro.

– Assustado, meu príncipe?

– N...n...não, de forma alguma. É que jamais pensei em vê-la novamente!

– Deves saber que para Deus nada é impossível, não é mesmo?

– Sim, eu sei, mas agora me pergunto: será que mereço tanta dádiva?

– Como não mereceria, se recebeste o direito de ascensão, mas pediste para ficar no embaixo e até isto mereceste. Como não poderia ver-me novamente?

Ao vê-la tão linda, não resisti ao impulso de abraçá-la, no que fui retribuído. Caminhamos por longas horas pelo jardim. Conversamos sobre tudo o que aconteceu, desde nossa separação, relembramos o passado, de momentos agradáveis, mas não tocamos no assunto da devastação; algumas lágrimas se esvaíram de nossos olhos, sabíamos o que nos doía, mas não falamos sobre o assunto.

– Como conseguiu me encontrar, princesa?

– Há muito tempo que estou do teu lado. Segui todos os teus passos e orei muito para não caíres em trevas mais densas. Graças a Deus, tu és um sábio e soubeste te aproveitar de todas as oportunidades. Por isso me orgulho de ti.

– Como nunca te vi?

– Não era possível, pois nunca foi permitido.

– Agora entendo!

O REENCONTRO 139

– Fiquei feliz quando soube que vais trabalhar na nova religião.

– Feliz por quê? Acaso não sería melhor nos unirmos e continuar nossa família?

– Porque eu também trabalharei nela e pedi permissão para ficar ao teu lado.

– Ao meu lado, nas trevas? Não, tu não mereces.

– Nas trevas não, meu príncipe, no alto. Serei a regente cósmica do teu ponto de forças. Depois de hoje, nossos diálogos serão mentais, enquanto durar a jornada humana de expiação e provas na Terra; depois disso, os laços de amor que nos unem serão eternos. Poderemos nos unir novamente, sendo um só corpo, celebrando o nosso amor, juntamente com nossos filhos.

Meu coração vibrou de alegria. Iria trabalhar ao lado de minha Sah-ra-tiê. Ajoelhei-me e agradeci a Deus por esta dádiva bendita. Ó Deus, Tu és maravilhoso, repetia eu a todo instante.

Aquele foi nosso último diálogo feito em palavras. Nos anos que se seguiram até os dias atuais, nossas conversas são feitas mentalmente, mas notei que suas ondas mentais sempre estiveram presentes; então entendi como ela seguiu meus passos.

Depois de entender perfeitamente tudo sobre a nova religião, passei a ensiná-la aos meus guardiões de todos os pontos das matas mais distantes. Todos os meus comandantes e comandados ficaram a par da religião que estava prestes a nascer. Instituí que todos deveriam de algum modo agir no sentido da cura dos sentimentos e da alma, trazendo a renovação e incentivando o ser humano sob nossa proteção a se expandir e abençoar seus conhecimentos de forma a difundi-los. Esta era a missão principal dos meus falangeiros. Muitos guardiões eu formei, assim como de muitos outros guardiões eu presenciei a consagração, como testemunha dos tronos Mahor e Mehor-Yê.

Falanges femininas também se formaram, e todos os assentamentos foram feitos para que não houvesse falhas na nova religião.

Por essa época, os cultos de nação começaram a se difundir em terras brasileiras, juntamente com os escravos. Estes eram primitivos, mas logo começaram a se adaptar aos costumes católicos. Desses cultos, surgiram os Pretos-Velhos, Caboclos e muitas falanges de Exus, como já estava previsto nos livros que estudei. Então, depois de algum tempo, nasceu o Espiritismo na França, sob a regência de Allan Kardec, que logo foi trazido para o Brasil por europeus mais interessados em exibição do que no auxílio ao próximo. Com a fusão dessas duas religiões, nasceu a Umbanda, no começo do século passado, da qual sou parte ativa, como punidor e esgotador, pois trago em meu âmago o dom vitalizador e desvitalizador no sentido do conhecimento e expansão da vida humana. Mas como todos sabem, pois isto já foi passado, meu mistério se expande aos sete mistérios espirituais de Deus e todos somos parte do Criador, até que a raça humana se complete em si e vença o seu ciclo de reencarnação na Terra.

Nesse dia, somente nesse dia, eu me reerguerei do embaixo abraçado ao meu irmão e poderemos contemplar nossa vitória na senda que o Senhor do Alto do Altíssimo nos legou.

Até lá, continuarei sendo um Exu de Lei, Exu Marabô, que tem um mistério, e mistério é mistério, não deve nem pode ser revelado até que chegue a hora.

A todos, deixo meu cordial Saravá.

Exu Marabô é Mojubá.

Leitura Recomendada

Magia Divina das Velas, A
O Livro das Sete Chamas Sagradas
Rubens Saraceni

Neste livro, você aprenderá: ativar velas de várias cores para resolver problemas; desmanchar magia negra; ativar a Justiça, a Lei e a Cura Divina com folhas de arruda e vela branca; firmar velas de várias formas; realizar magias para curar, anular negativismo, afastar inimigo encarnado ou obsessor espiritual, descarregar energias negativas da casa, limpeza energética de casas ou locais de trabalho, entre outras.

Magia Divina dos Gênios, A
A Força dos Elementais da Natureza
Rubens Saraceni

Em *A Magia Divina dos Gênios* você verá a revelação dos mistérios desses seres da natureza e começará a ter contato com alguns procedimentos magísticos para evocar os gênios e favorecer-se do seu imenso poder. Aprenda com essa leitura a trabalhar com as forças sutis da natureza e a beneficiar-se com magias simples e fáceis de serem feitas.

Livro da Vida, O
As Marcas do Destino
Rubens Saraceni

Em *O Livro da Vida – As Marcas do Destino* o leitor vai conhecer e viver toda a saga de Levi Ben Yohai, o protagonista da narrativa, e se comover com sua história. Vai viver de verdade todas as suas alegrias e tristezas. Vai parar, pensar e refletir sobre a própria vida.

Guardião da Meia-Noite, O
Rubens Saraceni – Inspirado por Pai Benedito de Aruanda

O Guardião da Meia-Noite é um livro de ensinamentos éticos, envolvendo os tabus da morte e dos erros vistos sob uma nova ótica. Nova porque somente agora está sendo quebrada a resistência da ciência oficial, mas que é, realmente, muito antiga, anterior aos dogmas que insistem em explicar tudo pela razão extraída nos laboratórios.

MADRAS® Editora
CADASTRO/MALA DIRETA

Envie este cadastro preenchido e passará a receber informações dos nossos lançamentos, nas áreas que determinar.

Nome _____
RG _____ CPF _____
Endereço Residencial _____
Bairro _____ Cidade _____ Estado ____
CEP _____ Fone _____
E-mail _____
Sexo ❑ Fem. ❑ Masc.   Nascimento _____
Profissão _____ Escolaridade (Nível/Curso) _____

Você compra livros:
❑ livrarias   ❑ feiras   ❑ telefone   ❑ Sedex livro (reembolso postal mais rápido)
❑ outros: _____

Quais os tipos de literatura que você lê:
❑ Jurídicos   ❑ Pedagogia   ❑ Business   ❑ Romances/espíritas
❑ Esoterismo   ❑ Psicologia   ❑ Saúde   ❑ Espíritas/doutrinas
❑ Bruxaria   ❑ Auto-ajuda   ❑ Maçonaria   ❑ Outros:

Qual a sua opinião a respeito dessa obra? _____
_____

Indique amigos que gostariam de receber MALA DIRETA:
Nome _____
Endereço Residencial _____
Bairro _____ Cidade _____ CEP _____

Nome do livro adquirido: ***Marabô – O Guardião das Matas***

Para receber catálogos, lista de preços e outras informações, escreva para:

MADRAS EDITORA LTDA.
Rua Paulo Gonçalves, 88 – Santana
CEP 02403-020 – São Paulo – SP
Caixa Postal 12299 – CEP 02013-970 – SP
Tel.: (11) 2281-5555/2959-1127
Fax: (11) 2959-3090
www.madras.com.br

Para mais informações sobre a Madras Editora,
sua história no mercado editorial
e seu catálogo de títulos publicados:

Entre e cadastre-se no site:

 *www.madras.com.br*

Para mensagens, parcerias, sugestões e dúvidas, mande-nos um e-mail:

 *marketing@madras.com.br*

SAIBA MAIS

Saiba mais sobre nossos lançamentos,
autores e eventos seguindo-nos no facebook e twitter:

 *@madrased*

 */madraseditora*